金文千字文

篆書千字文

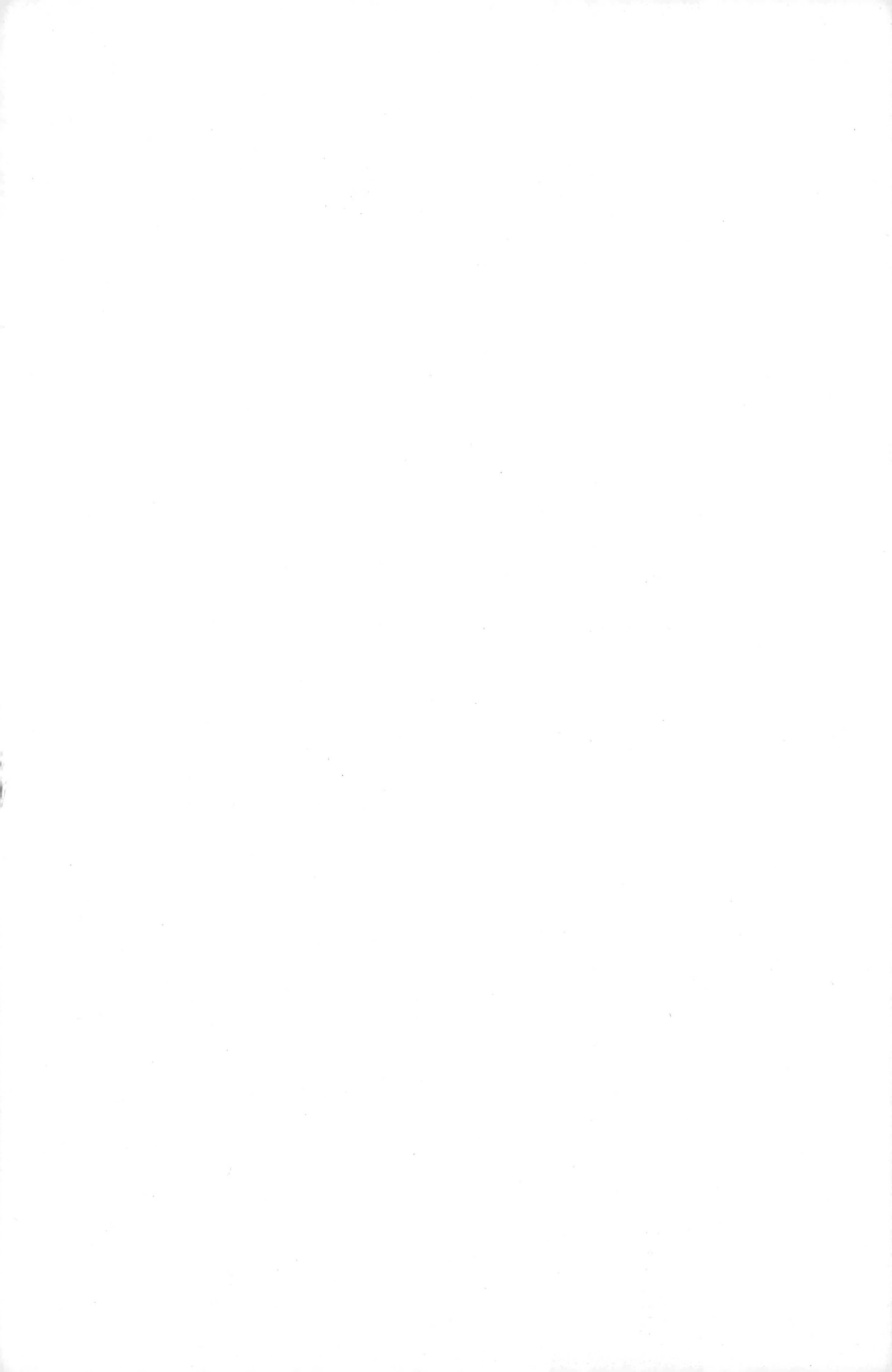

篆書千字文
金文千字文

一人 金蓮

(주)이화문화출판사

『金文千字文』을 發刊하며

東方에서는 오랜 옛날로부터 千字文은 글을 배우는 첫걸음의 책이라고 하여 그만큼 書藝를 익히는 사람들이 또한 그들에게 사랑하고 도움이 되었다.

'天地玄黃'서부터 '焉哉乎也'까지 四言古詩 二百五十句, 合하여 一千字가 되므로, 完習한다면 書家로서 學書者의 큰 도움이 되리라 믿으며, 바른 길을 얻을 수가 있을 것이다.

元來 千字文은 三國時代 魏나라의 鍾繇가 처음으로 지었다고 하나, 六朝時代 中國 梁나라 武帝의 명령을 받아 周興嗣가 次例順序를 세워 完成하였다 한다.

이로써 우리나라에서는 書藝라 하고, 中國에서는 書法이라고 하고, 日本에서는 書道라고 하여 初學者로부터 至今까지 千字文을 正統書法으로 臨書하여 後代들에게 이것을 傳承시킴으로 東洋固有의 文化藝術이 빛날 것이다.

筆者는 篆書를 많이 研究하였다 하나 先人들의 깊은 筆法에는 미치지 못한 것으로 생각하시겠지만 나름대로 正統體 小篆과 金文을 發刊하게 되어 學書者에게 큰 도움이 되리라 믿는 바이다.

2018년 8월

一人 金 蓮

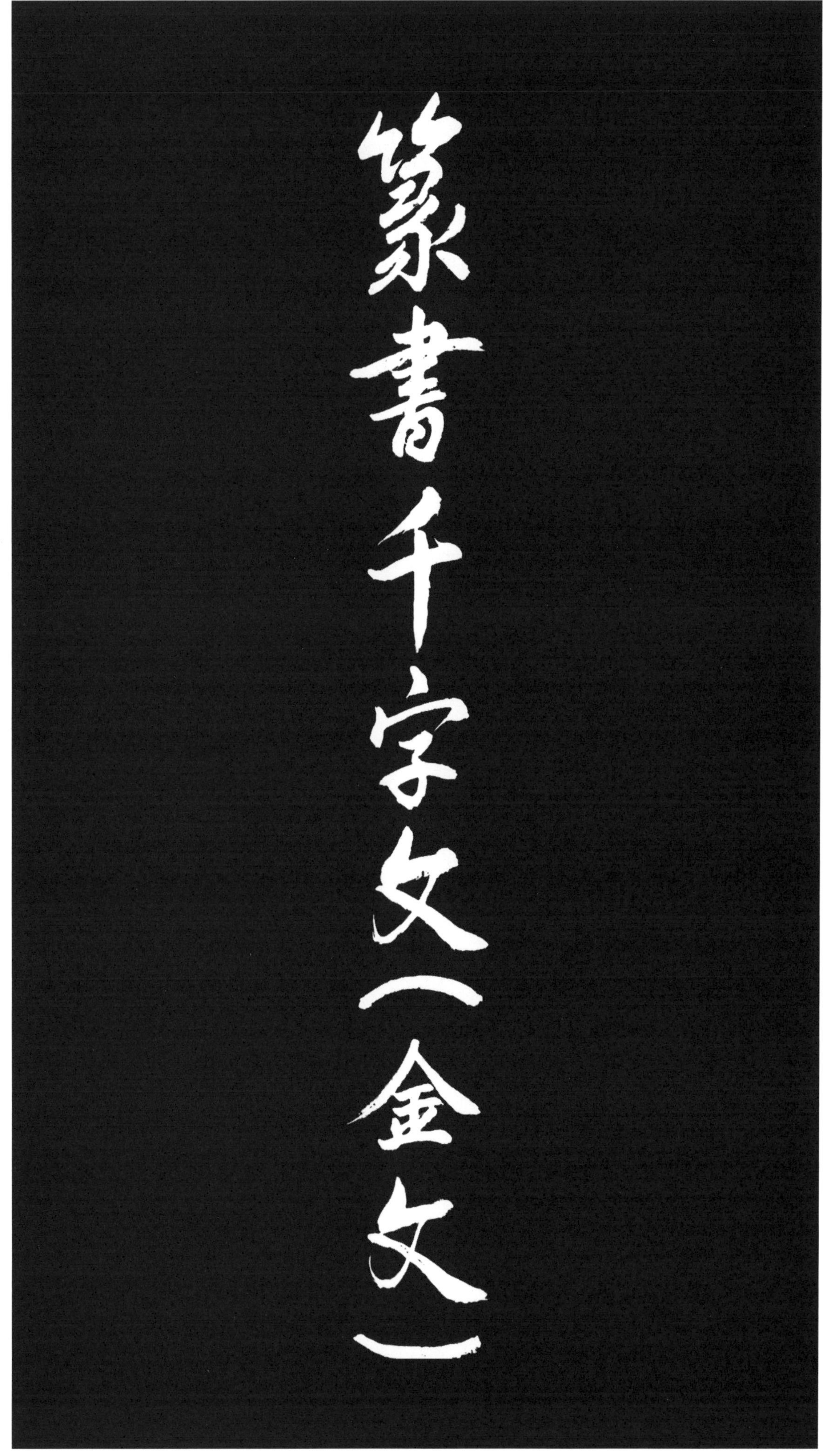
篆書千字文(金文)

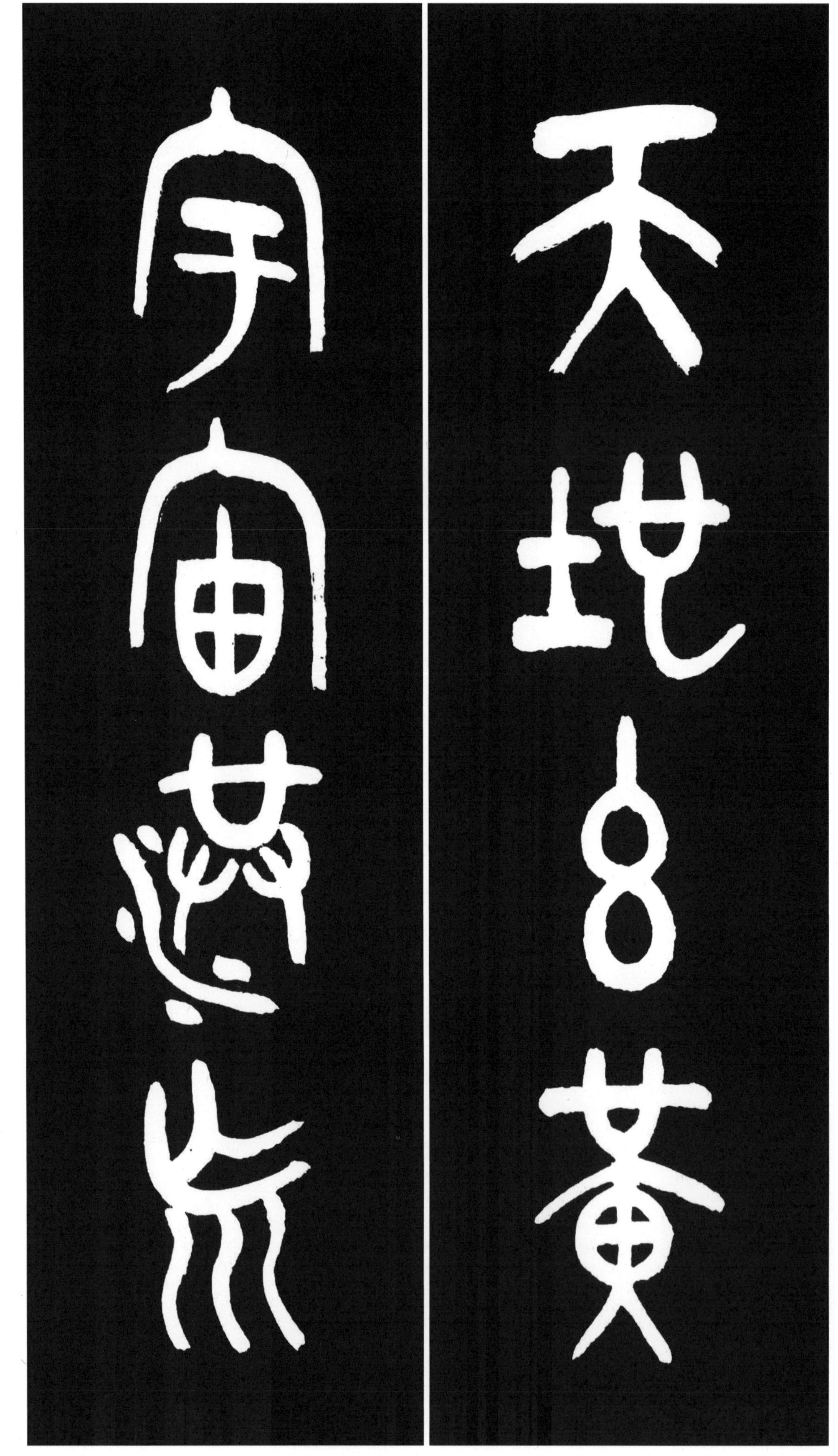

天地玄黃 宇宙洪荒 ― 천지현황 우주홍황 ― 하늘과 땅은 검고 누르며, 우주는 넓고 크다。

天 하늘 천、地 땅 지、玄 검을 현、黃 누를 황、宇 집 우、宙 집 주、洪 넓을 홍、荒 거칠 황

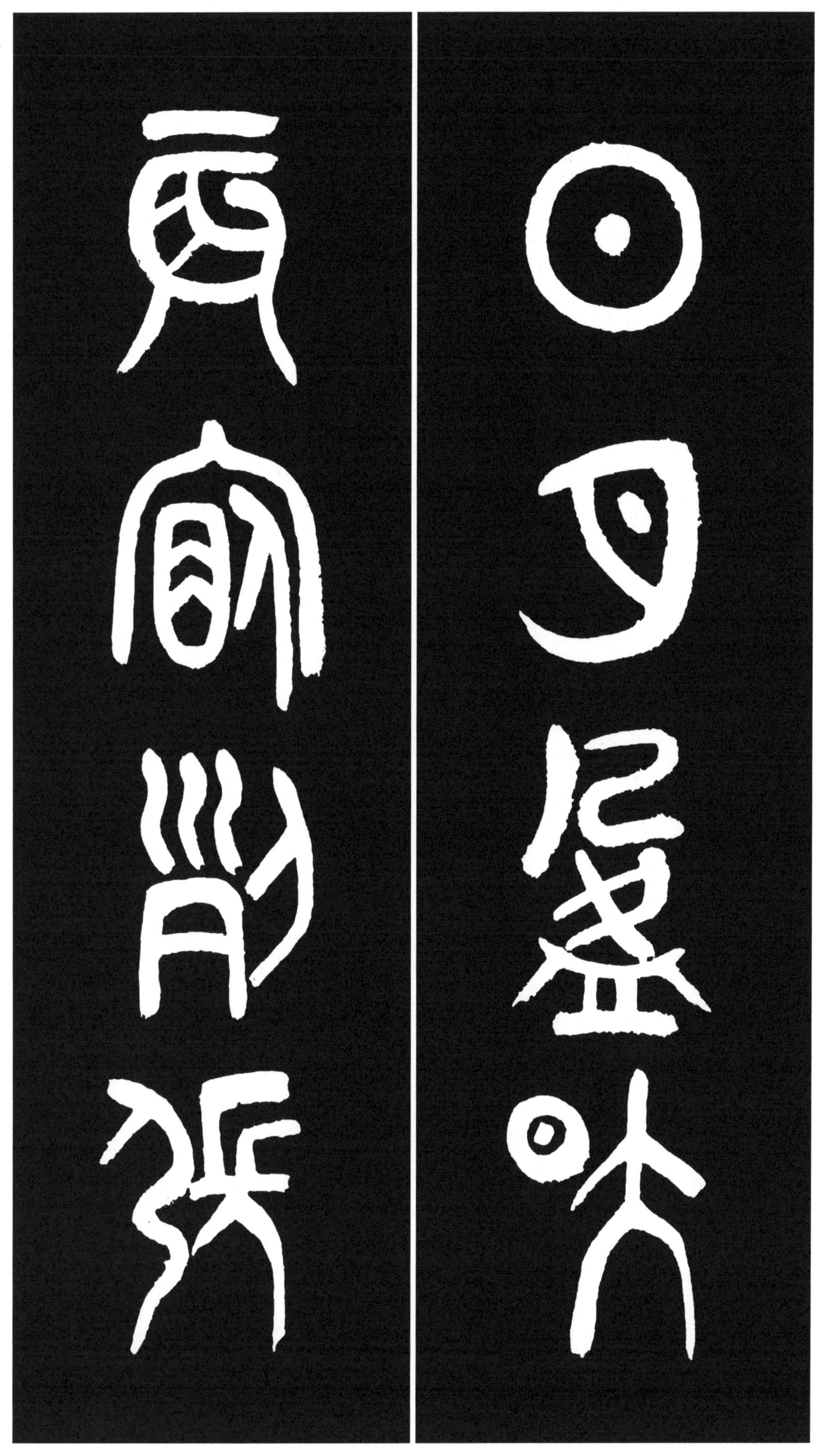

日月盈昃 辰宿列張 — 일월영측 진수렬장 — 해와 달은 차고 기울며, 별은 벌려 있다.

日 날 일, 月 달 월, 盈 찰 영, 昃 기울 측, 辰 별 진, 宿 별자리 수, 列 벌릴 렬, 張 베풀 장

寒來暑往 秋收冬藏 ― 한래서왕 추수동장 ― 추위가 오면 더위는 가며, 가을에는 거두어들이고 겨울에는 갈무리한다.

寒 찰 한, 來 올 래, 暑 더울 서, 往 갈 왕, 秋 가을 추, 收 거둘 수, 冬 겨울 동, 藏 감출 장

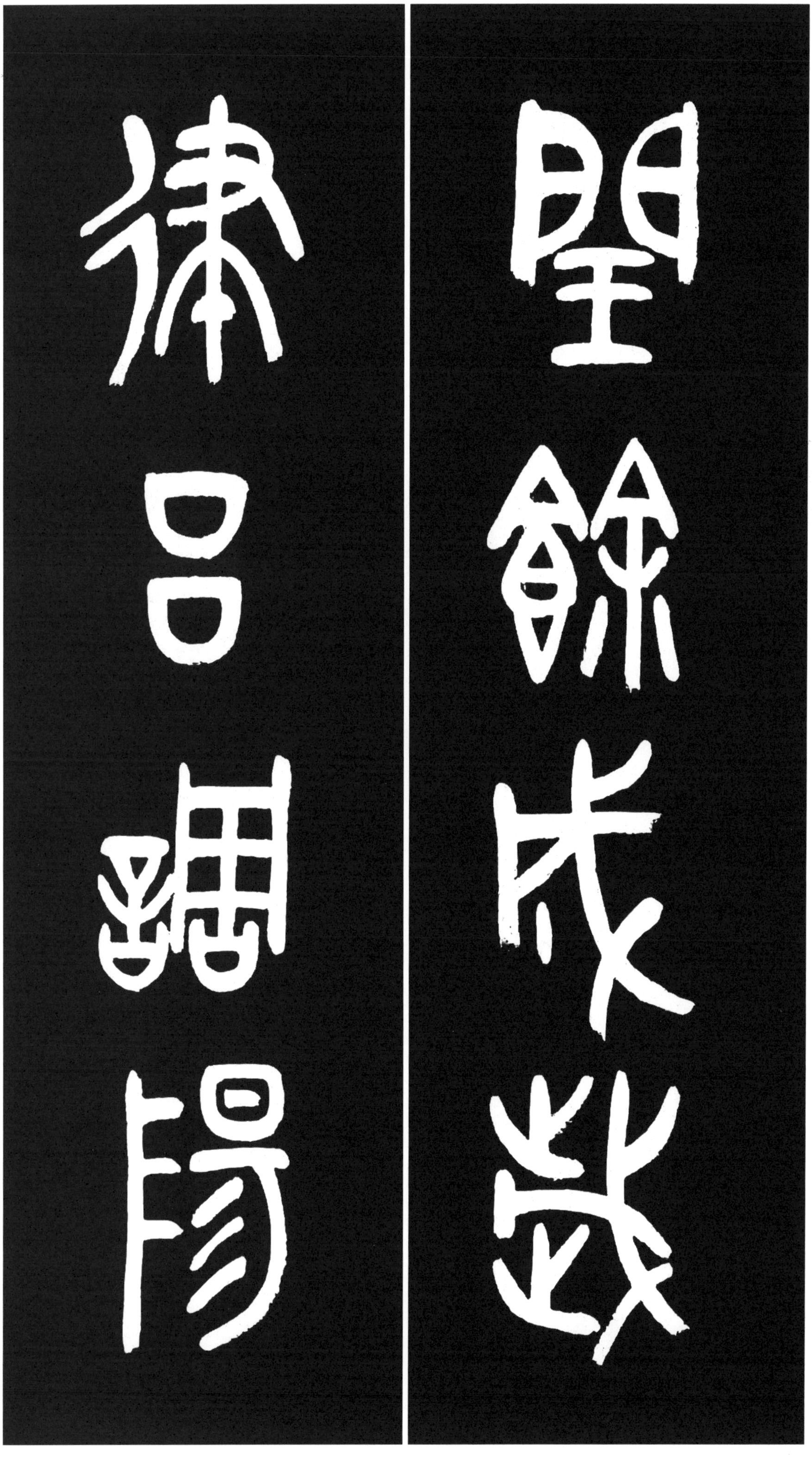

閏餘成歲 律呂調陽 ― 윤여성세 율려조양 ― 남는 윤달로 해를 완성하며, 음율로 음양을 조화시킨다.

閏 윤달 윤, 餘 남을 여, 成 이룰 성, 歲 해 세, 律 법 률, 呂 풍류 려, 調 고를 조, 陽 볕 양

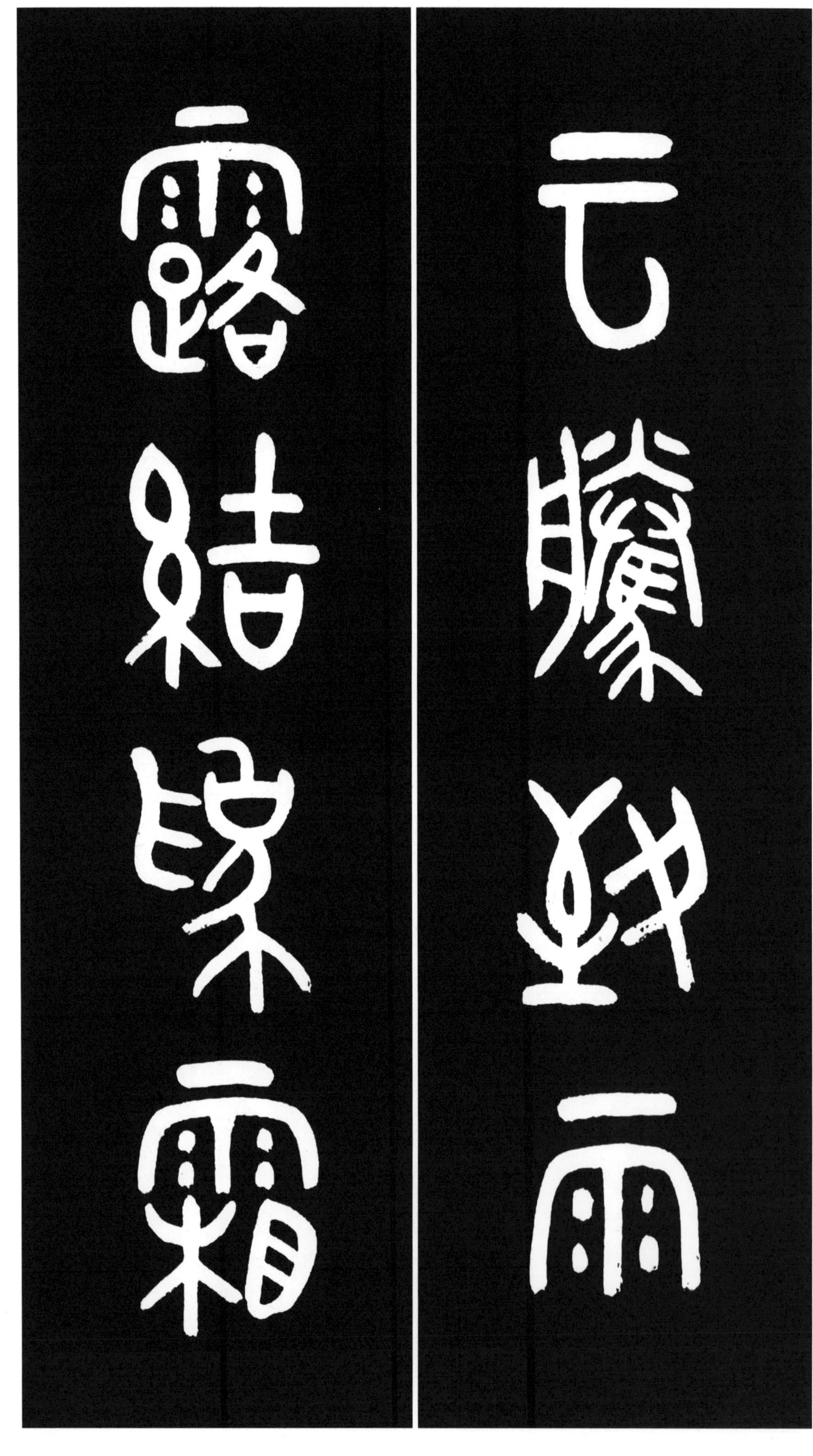

雲騰致雨 露結爲霜 ― 운등치우 노결위상 ― 구름이 날아 비가 되고, 이슬이 맺혀 서리가 된다.

雲 구름 운, 騰 오를 등, 致 이를 치, 雨 비 우, 露 이슬 로, 結 맺을 결, 爲 할 위, 霜 서리 상

金生麗水 玉出崑岡 ― 금생려수 옥출곤강 ― 금(金)은 여수(麗水)에서 나고, 옥(玉)은 곤륜산(崑崙山)에서 난다.

金 쇠 금, 生 날 생, 麗 고울 려, 水 물 수, 玉 구슬 옥, 出 날 출, 崑 메 곤, 岡 메 강

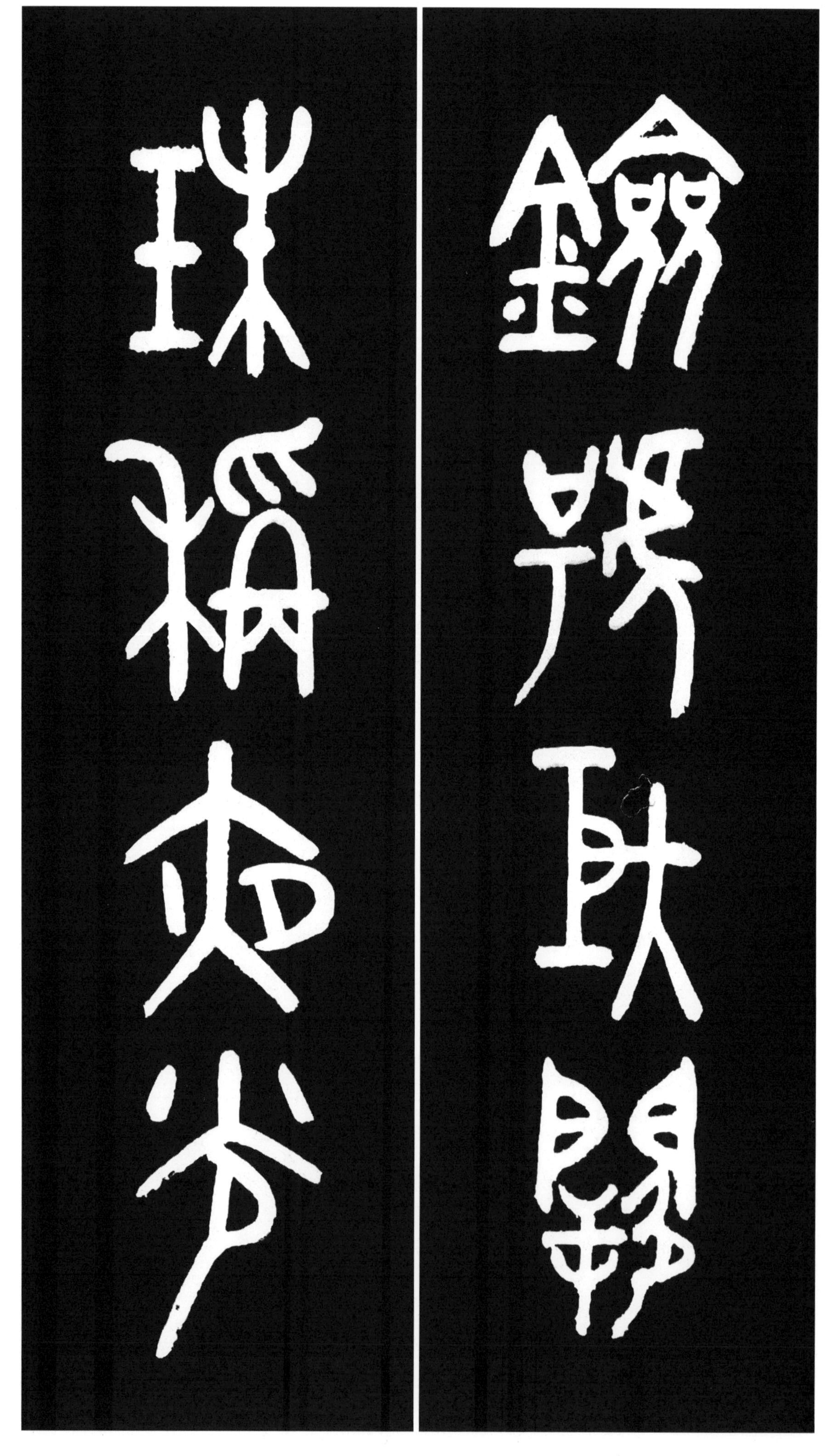

劍號巨闕 珠稱夜光 ― 검호거궐 주칭야광 ― 칼에는 거궐(巨闕)이 있고, 구슬에는 야광주(夜光珠)가 있다。

劍 칼 검、號 이름 호、巨 클 거、闕 대궐 궐、珠 구슬 주、稱 일컬을 칭、夜 밤 야、光 빛 광

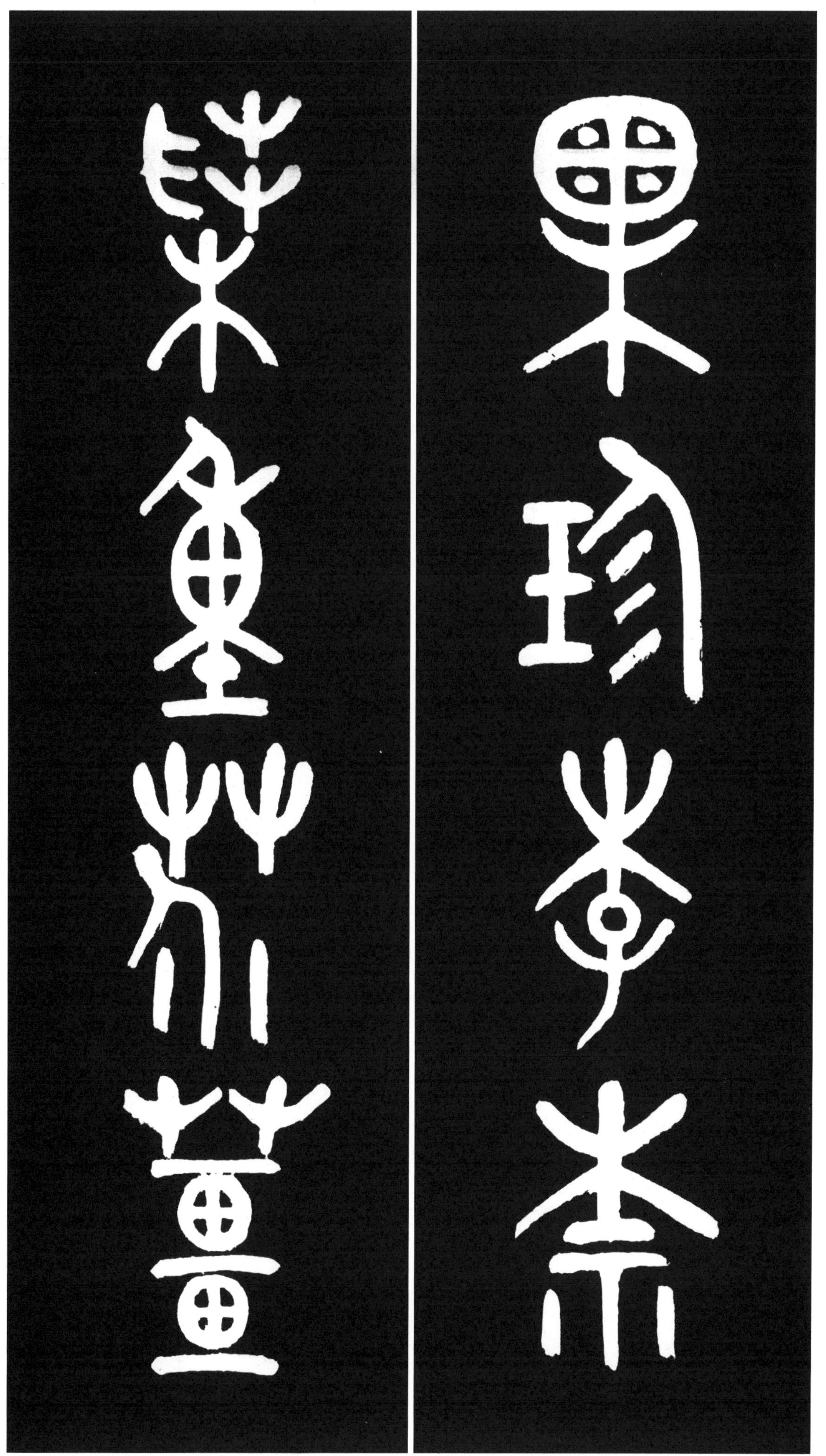

果珍李柰 菜重芥薑 — 과진리내 채중개강 — 과일 중에서는 오얏과 벚이 보배스럽고, 채소 중에서는 겨자와 생강을 소중히 여긴다。

果 열매 과、珍 보배 진、李 오얏 리、柰 벚 내、菜 나물 채、重 무거울 중、芥 겨자 개、薑 생강 강

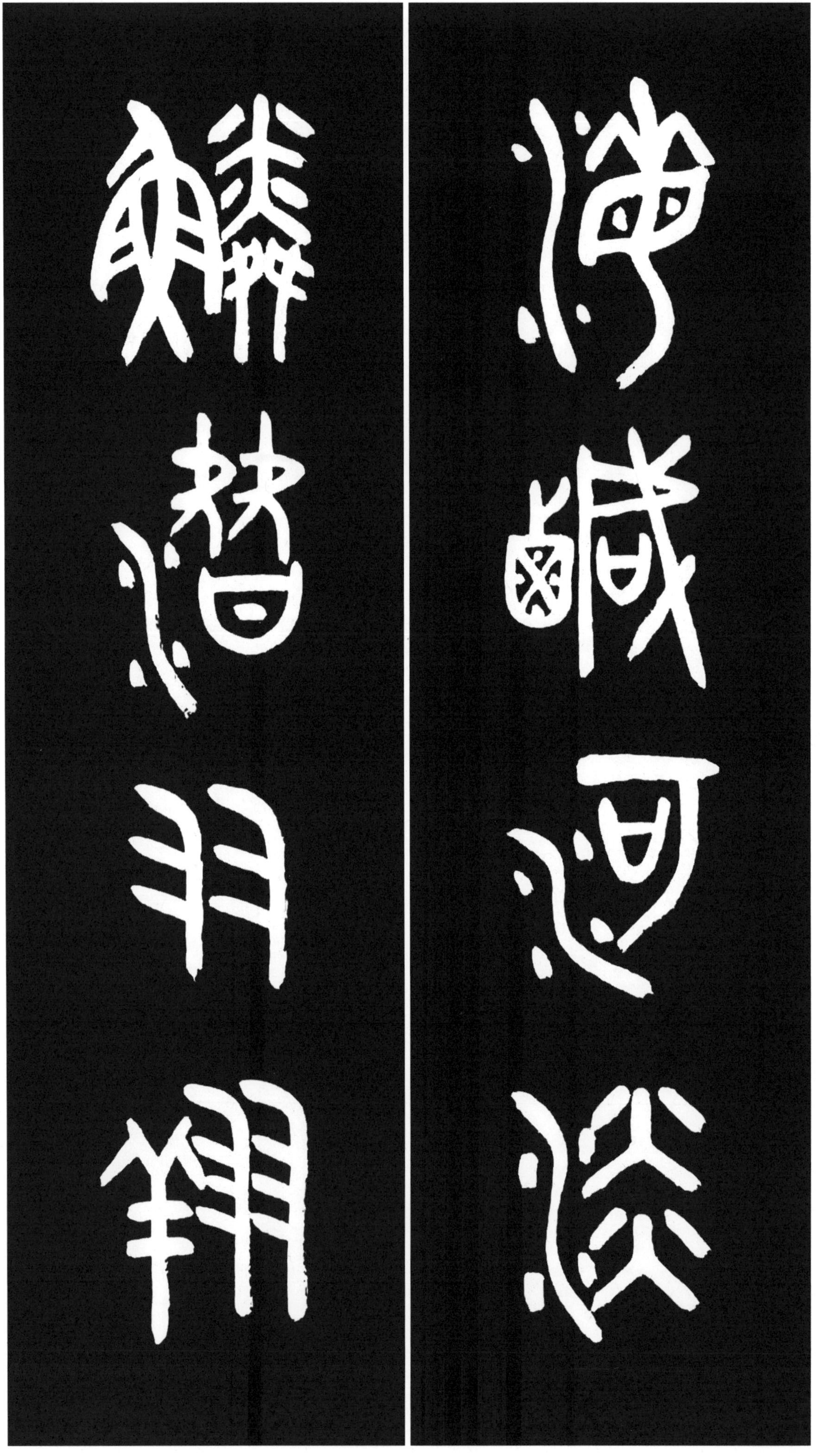

海鹹河淡 鱗潛羽翔 — 해함하담 인잠우상 — 바닷물은 짜고 민물은 싱거우며, 비늘 있는 고기는 물에 잠기고 날개 있는 새는 날아다닌다。

海 바다 해、鹹 짤 함、河 물 하、淡 맑을 담、鱗 비늘 린、潛 잠길 잠、羽 깃 우、翔 날 상

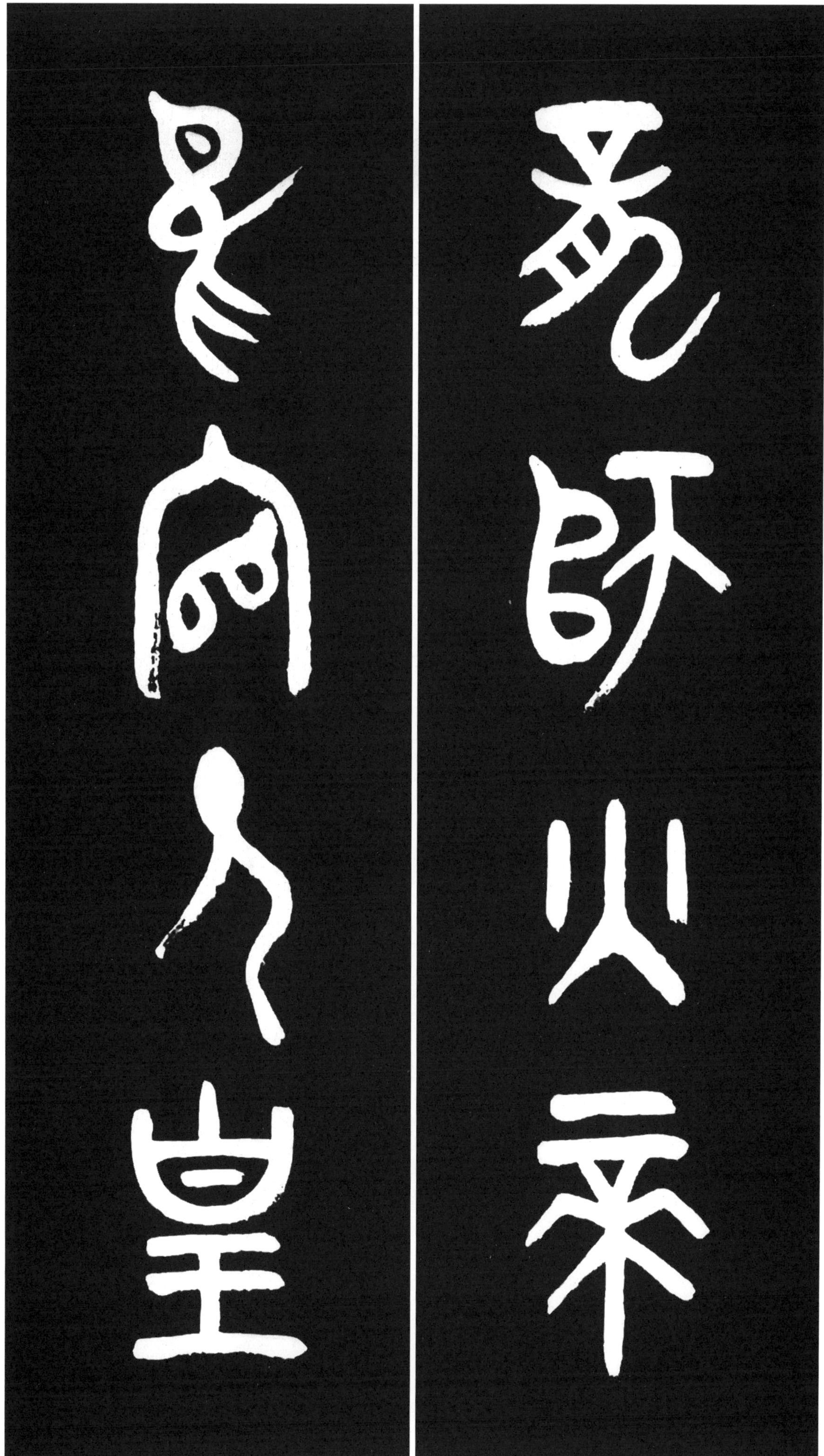

龍師火帝 鳥官人皇 ― 용사화제 조관인황 ― 관직을 용으로 나타낸 복희씨(伏羲氏)와 불을 숭상한 신농씨(神農氏)가 있고, 관직을 새로 기록한 소호씨(少昊氏)와 인문(人文)을 개명한 인황씨(人皇氏)가 있다.

龍 용 룡, 師 스승 사, 火 불 화, 帝 임금 제, 鳥 새 조, 官 벼슬 관, 人 사람 인, 皇 임금 황

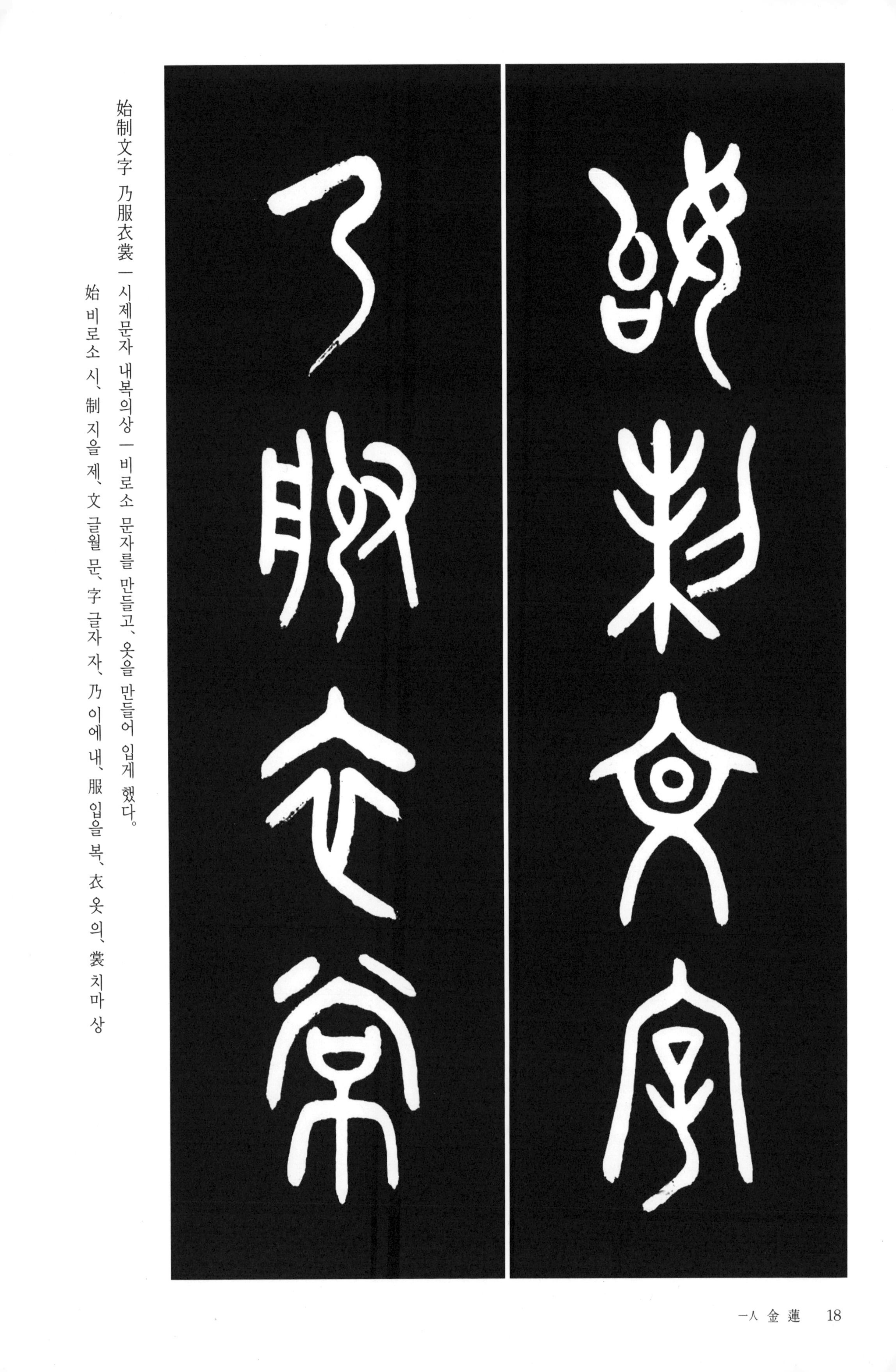

始制文字 乃服衣裳 — 시제문자 내복의상 — 비로소 문자를 만들고、옷을 만들어 입게 했다。

始 비로소 시、制 지을 제、文 글월 문、字 글자 자、乃 이에 내、服 입을 복、衣 옷 의、裳 치마 상

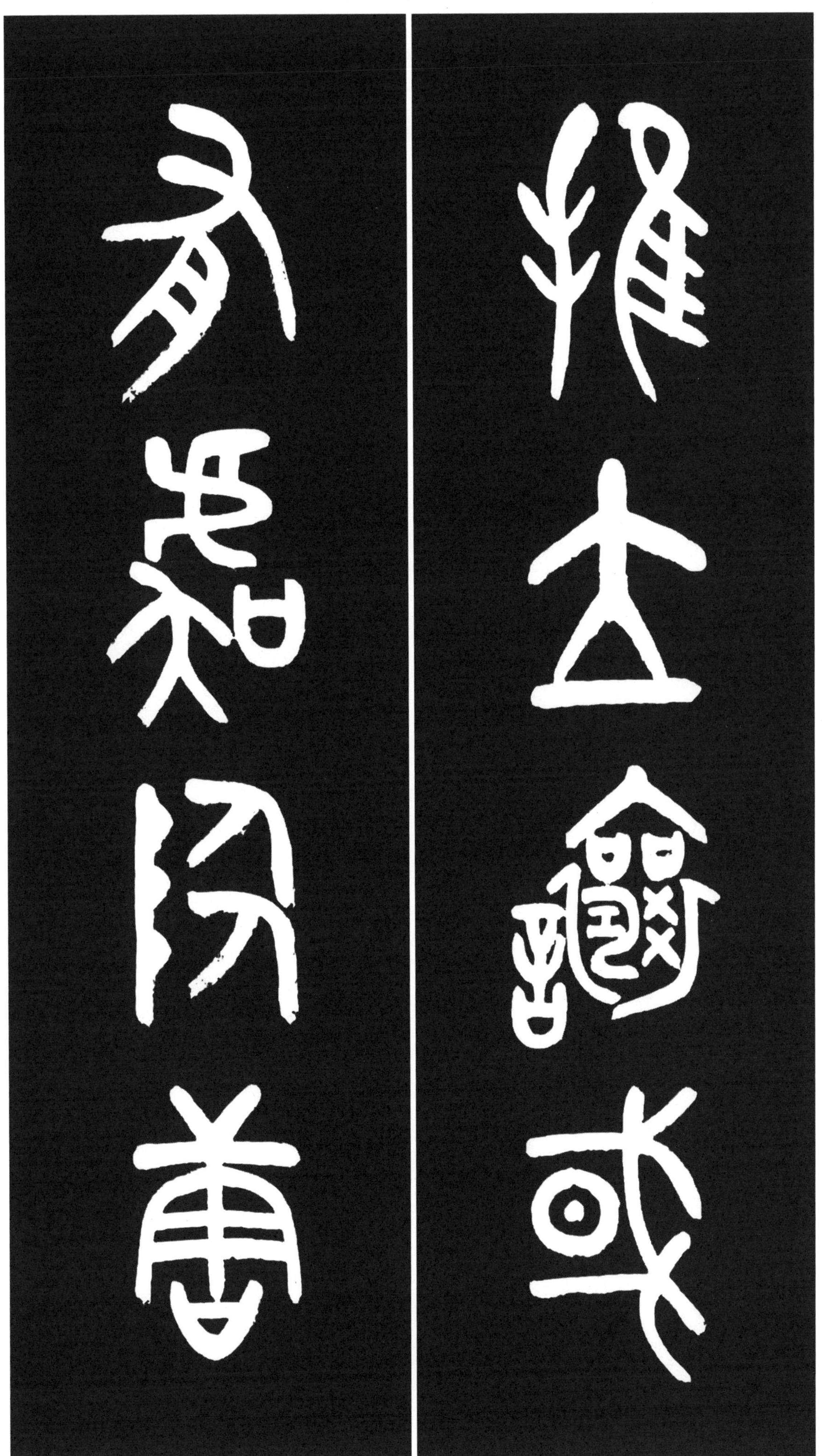

推位讓國 有虞陶唐 — 추위양국 유우도당 — 자리를 물려주어 나라를 양보한 것은, 도당 요(堯)임금과 유우 순(舜)임금이다。

推 밀 추、位 벼슬 위、讓 사양 양、國 나라 국、有 있을 유、虞 나라 우、陶 질그릇 도、唐 나라 당

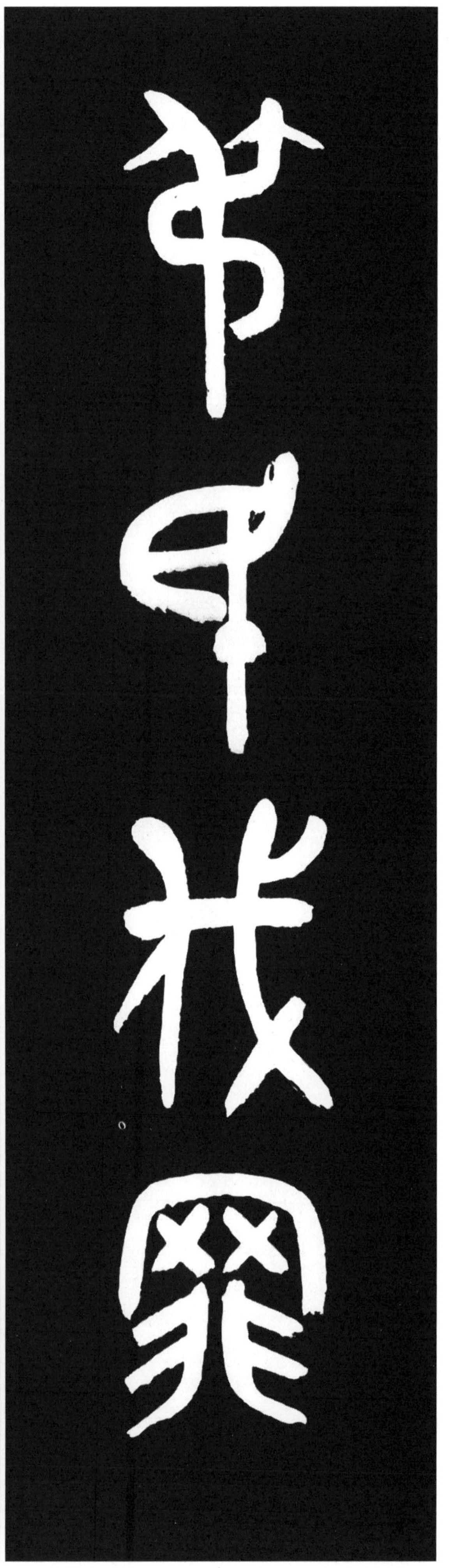

弔民伐罪 周發殷湯 一 조민벌죄 주발은탕 一 백성들을 위로하고 죄지은 이를 친 사람은, 주나라 무왕(武王) 발(發)과 은나라 탕왕(湯王)이다。

弔 조문할 조、民 백성 민、伐 칠 벌、罪 허물 죄、周 두루 주、發 필 발、殷 나라 은、湯 끓을 탕

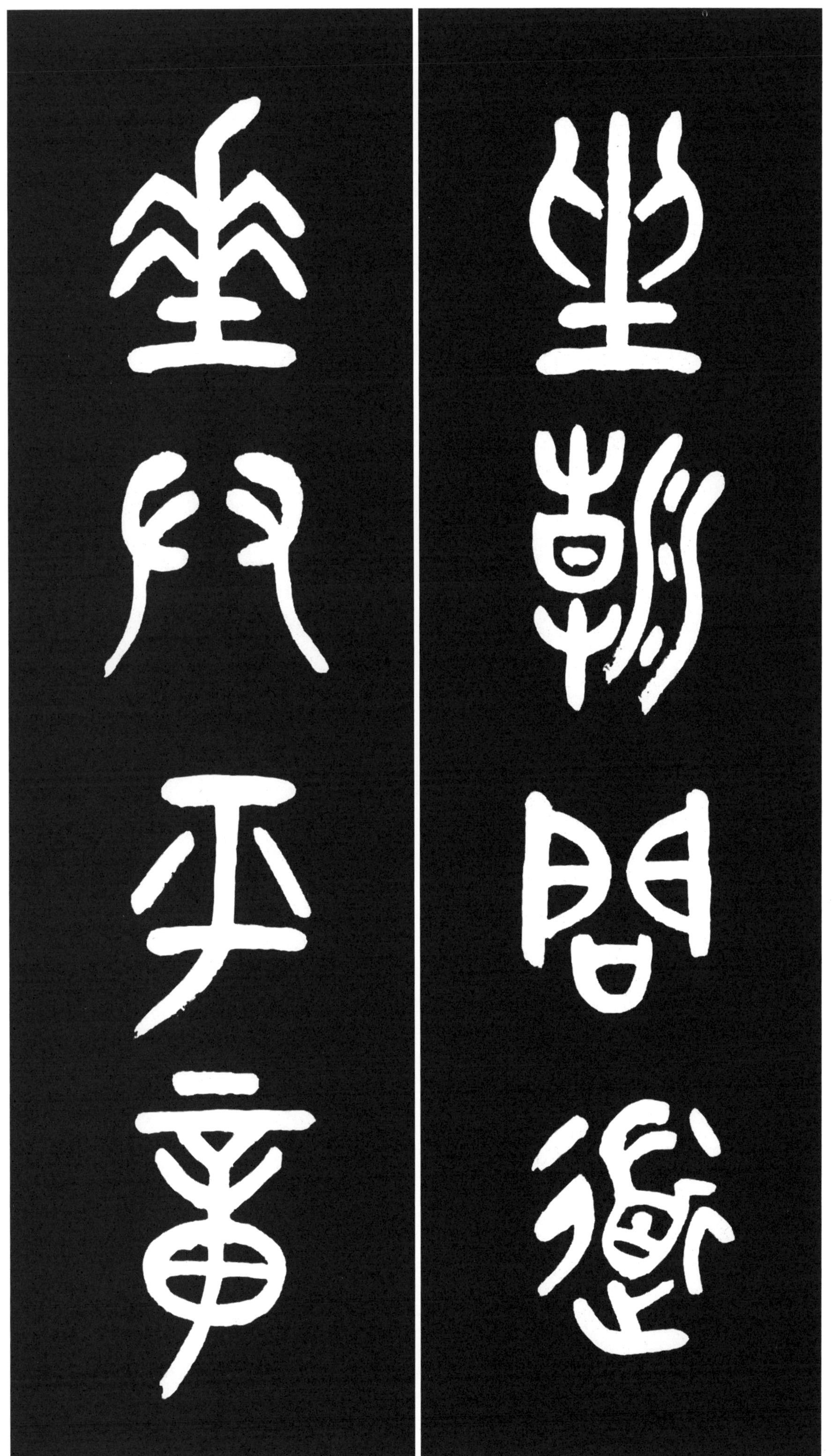

坐朝問道 垂拱平章 — 좌조문도 수공평장 — 조정에 앉아 다스리는 도리를 물으니, 옷 드리우고 팔짱 끼고 있지만 공평하고 밝게 다스려진다.

坐 앉을 좌, 朝 아침 조, 問 물을 문, 道 길 도, 垂 드리울 수, 拱 꽂을 공, 平 평평할 평, 章 글월 장

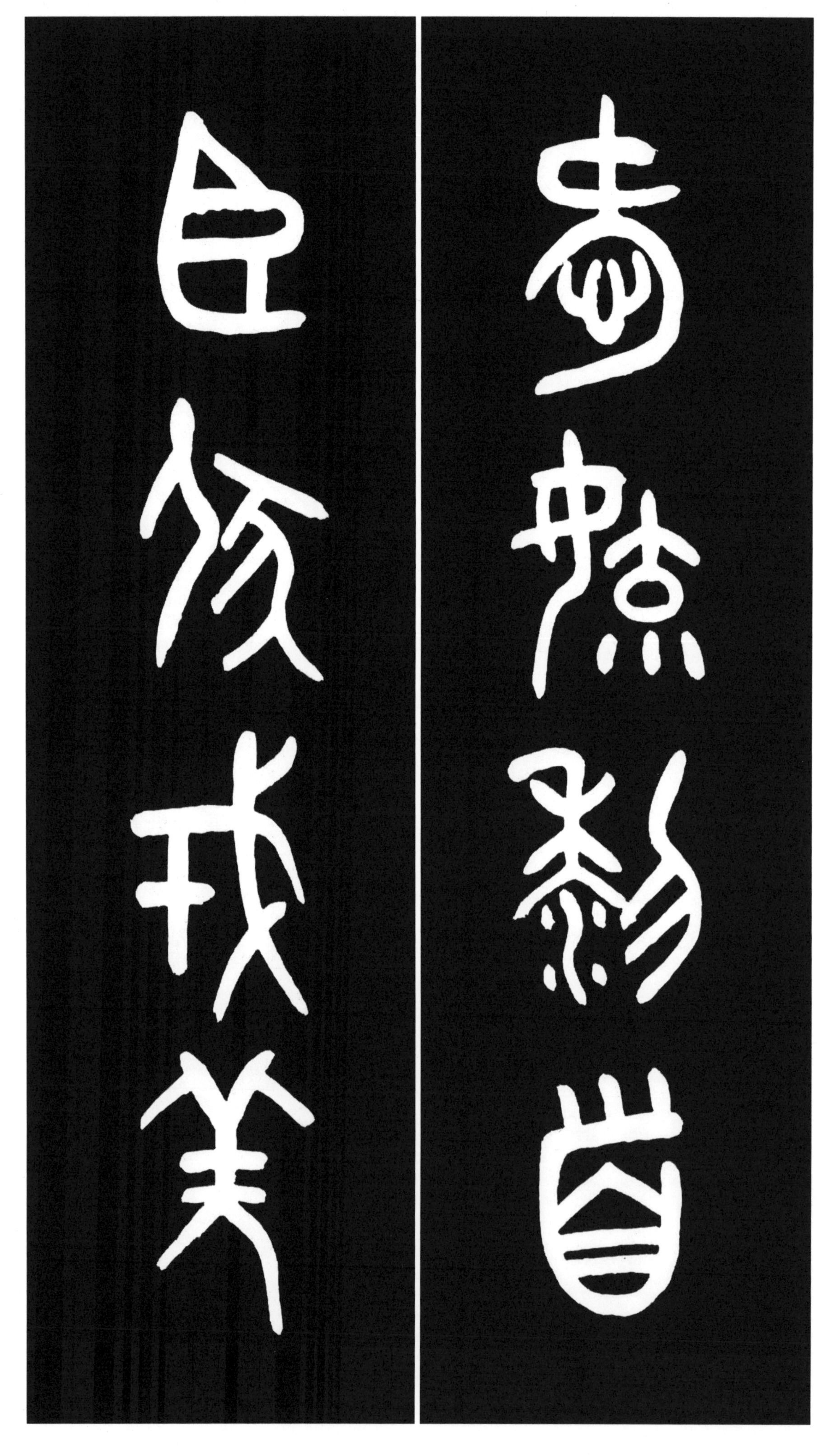

愛育黎首 臣伏戎羌 ― 애육려수 신복융강 ― 백성을 사랑하고 기르니, 오랑캐들까지도 신하로서 복종한다.

愛 사랑 애, 育 기를 육, 黎 검을 려, 首 머리 수, 臣 신하 신, 伏 엎드릴 복, 戎 오랑캐 융, 羌 오랑캐 강

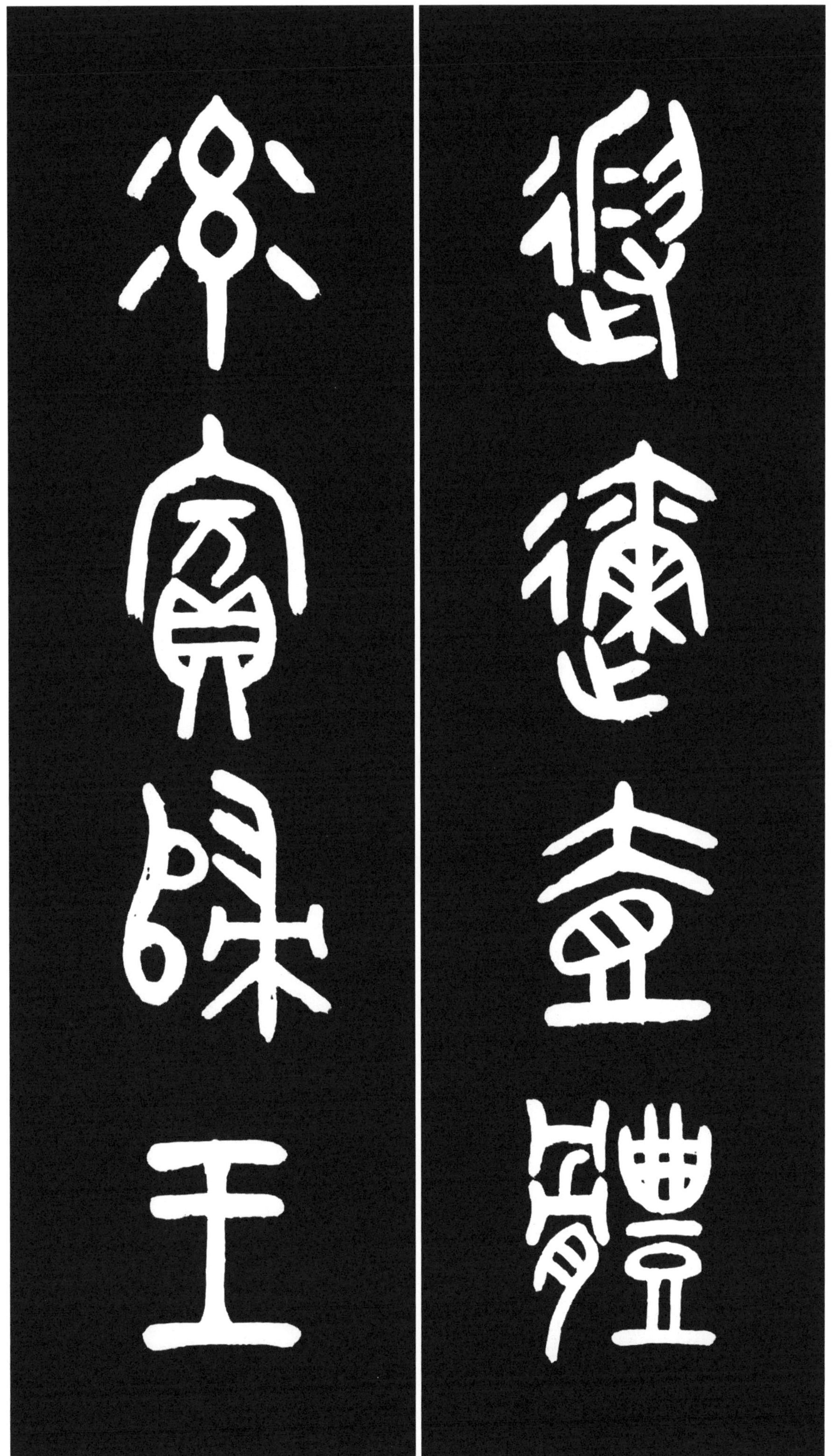

遐邇壹體 率賓歸王 — 하이일체 솔빈귀왕 — 먼 곳과 가까운 곳이 똑같이 한 몸이 되어, 서로 이끌고 복종하여 임금에게로 돌아온다.

遐 멀 하, 邇 가까울 이, 壹 한 일, 體 몸 체, 率 거느릴 솔, 賓 손 빈, 歸 돌아갈 귀, 王 임금 왕

鳴鳳在樹 白駒食場 — 명봉재수 백구식장 — 봉황새는 울며 나무에 깃들어 있고, 흰 망아지는 마당에서 풀을 뜯는다。

鳴 울 명、鳳 새 봉、在 있을 재、樹 나무 수、白 흰 백、駒 망아지 구、食 밥 식、場 마당 장

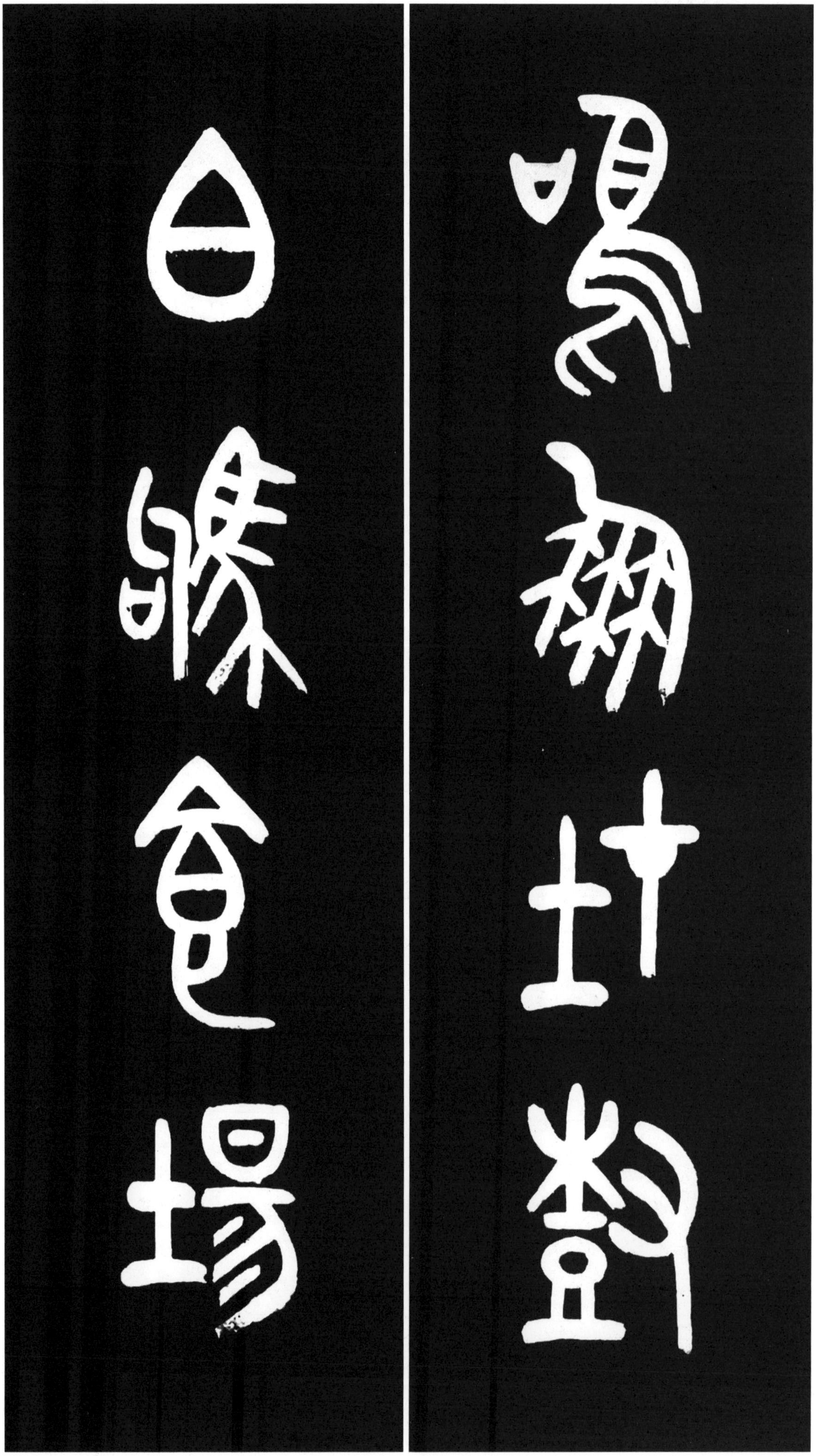

化被草木 賴及萬方 — 화피초목 뇌급만방 — 밝은 임금의 덕화가 풀이나 나무까지 미치고, 그 힘입음이 온 누리에 미친다。

化 될 화、被 입을 피、草 풀 초、木 나무 목、賴 힘입을 뢰、及 미칠 급、萬 일만 만、方 모 방

化 被 草 木

賴 及 萬 方

盖此身髮 四大五常 一 개차신발 사대오상 一 대개 사람의 몸과 터럭은 사대와 오상으로 이루어졌다。

盖 덮을 개、此 이 차、身 몸 신、髮 터럭 발、四 넉 사、大 큰 대、五 다섯 오、常 떳떳할 상

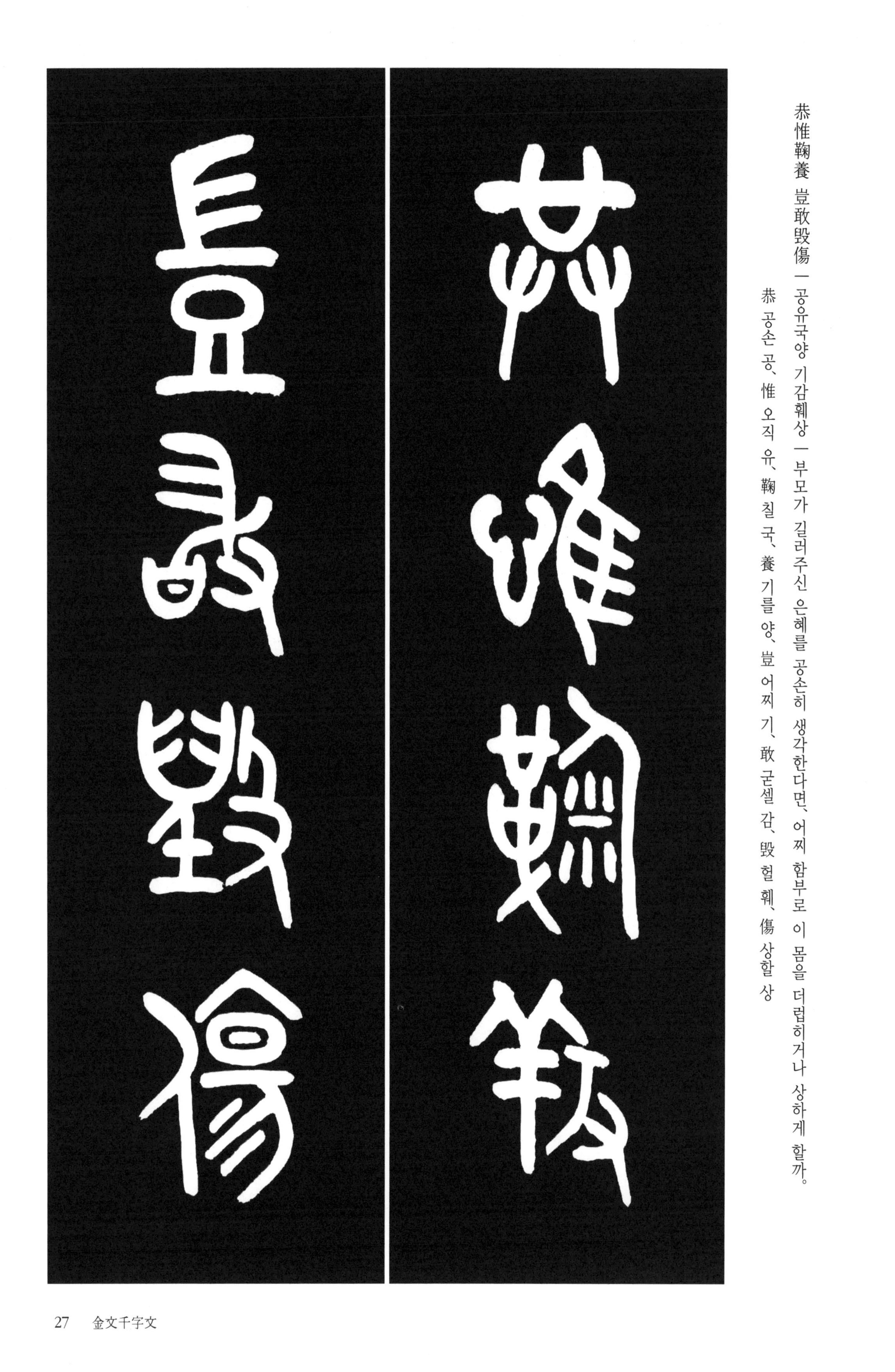

恭惟鞠養 豈敢毁傷 ― 공유국양 기감훼상 ― 부모가 길러주신 은혜를 공손히 생각한다면, 어찌 함부로 이 몸을 더럽히거나 상하게 할까。

恭 공손 공、惟 오직 유、鞠 칠 국、養 기를 양、豈 어찌 기、敢 굳셀 감、毁 헐 훼、傷 상할 상

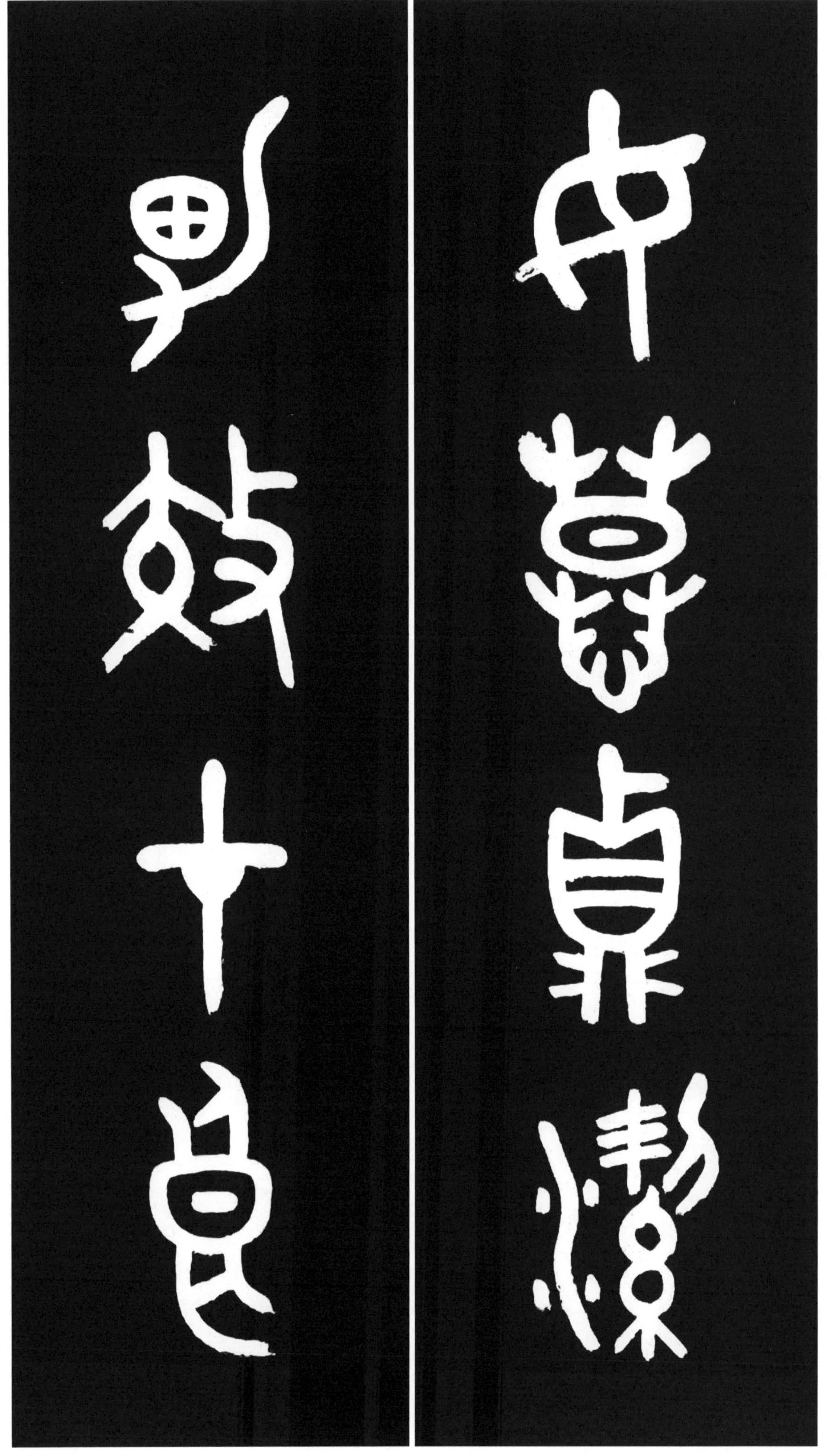

女慕貞潔(烈) 男效才良 — 여모정결(렬) 남효재량 — 여자는 정결(렬)(貞潔·烈)한 것을 사모하고, 남자는 재주 있고 어진 것을 본받아야 한다。

女 계집 녀、慕 사모할 모、貞 곧을 정、潔(烈) 깨끗한 결(매울 렬)、男 사내 남、效 본받을 효、才 재주 재、良 어질 량

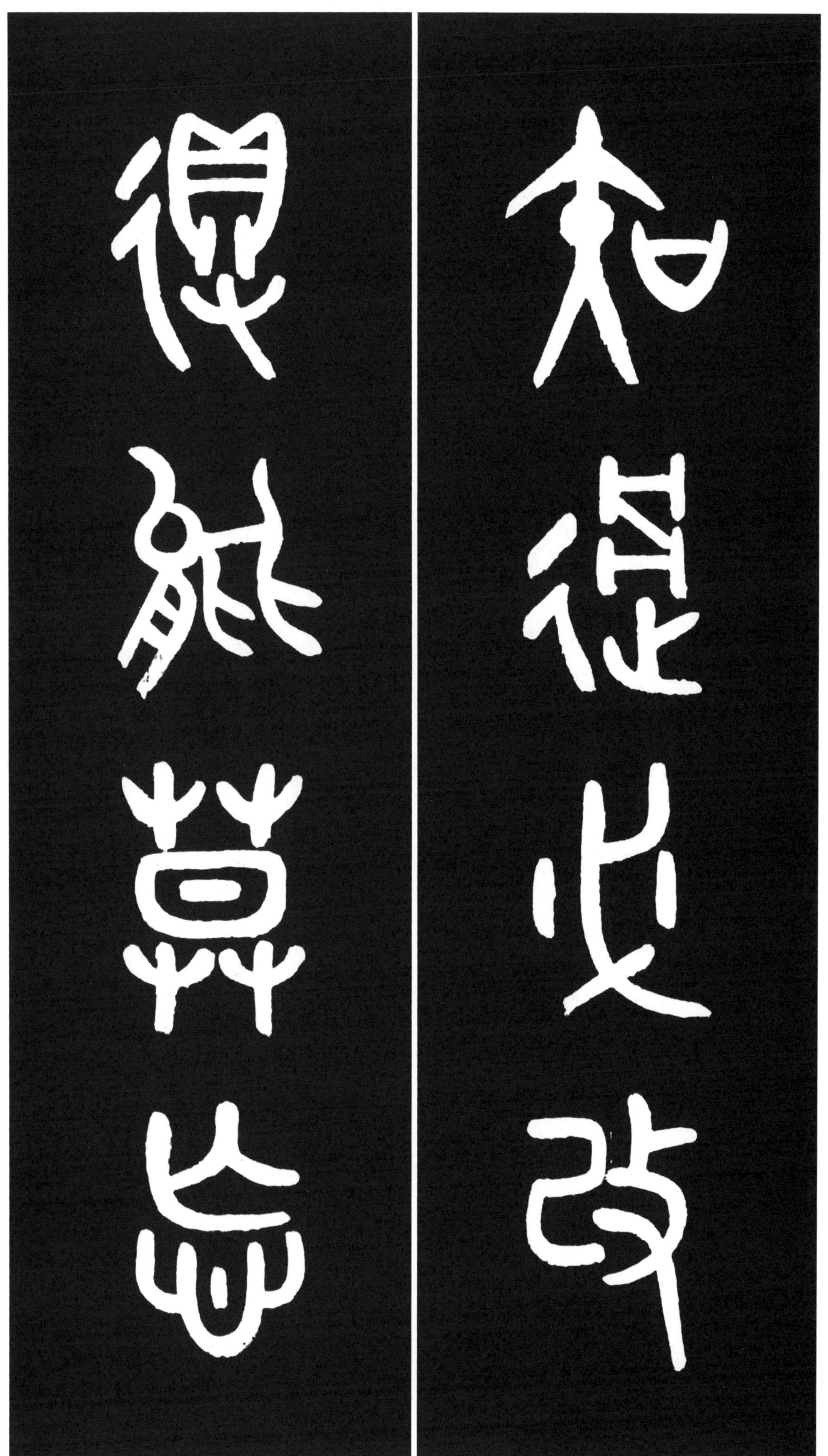

知過必改 得能莫忘 — 지과필개 득능막망 — 자기의 허물을 알면 반드시 고치고, 능히 실행할 것을 얻었거든 잊지 말아야 한다.

知 알 지, 過 허물 과, 必 반드시 필, 改 고칠 개, 得 얻을 득, 能 능할 능, 莫 말 막, 忘 잊을 망

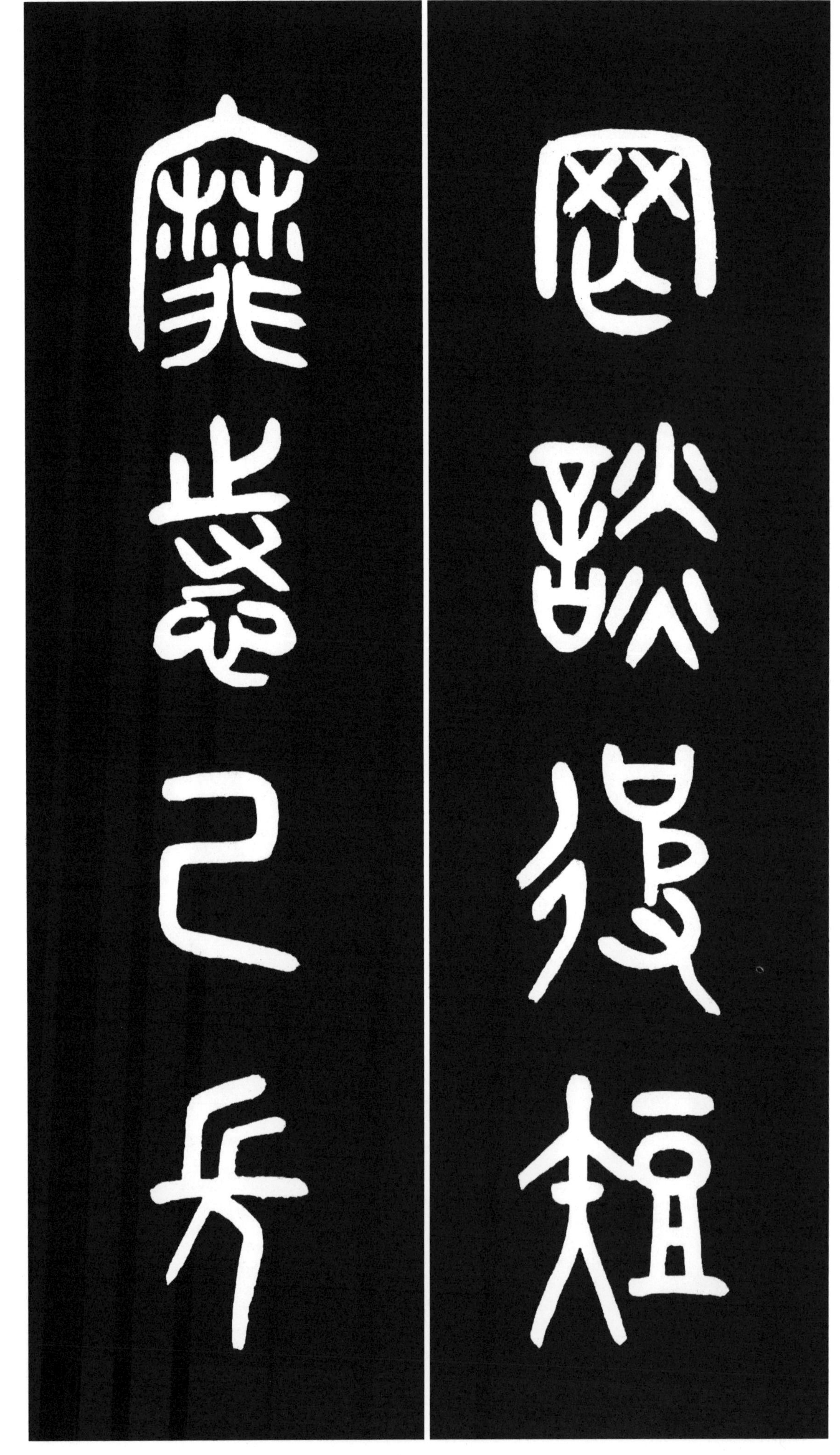

罔談彼短 靡恃己長 — 망담피단 미시기장 — 남의 단점을 말하지 말며, 나의 장점을 믿지 말라。

罔 말 망、談 말씀 담、彼 저 피、短 짧을 단、靡 아닐 미、恃 믿을 시、己 몸 기、長 길 장

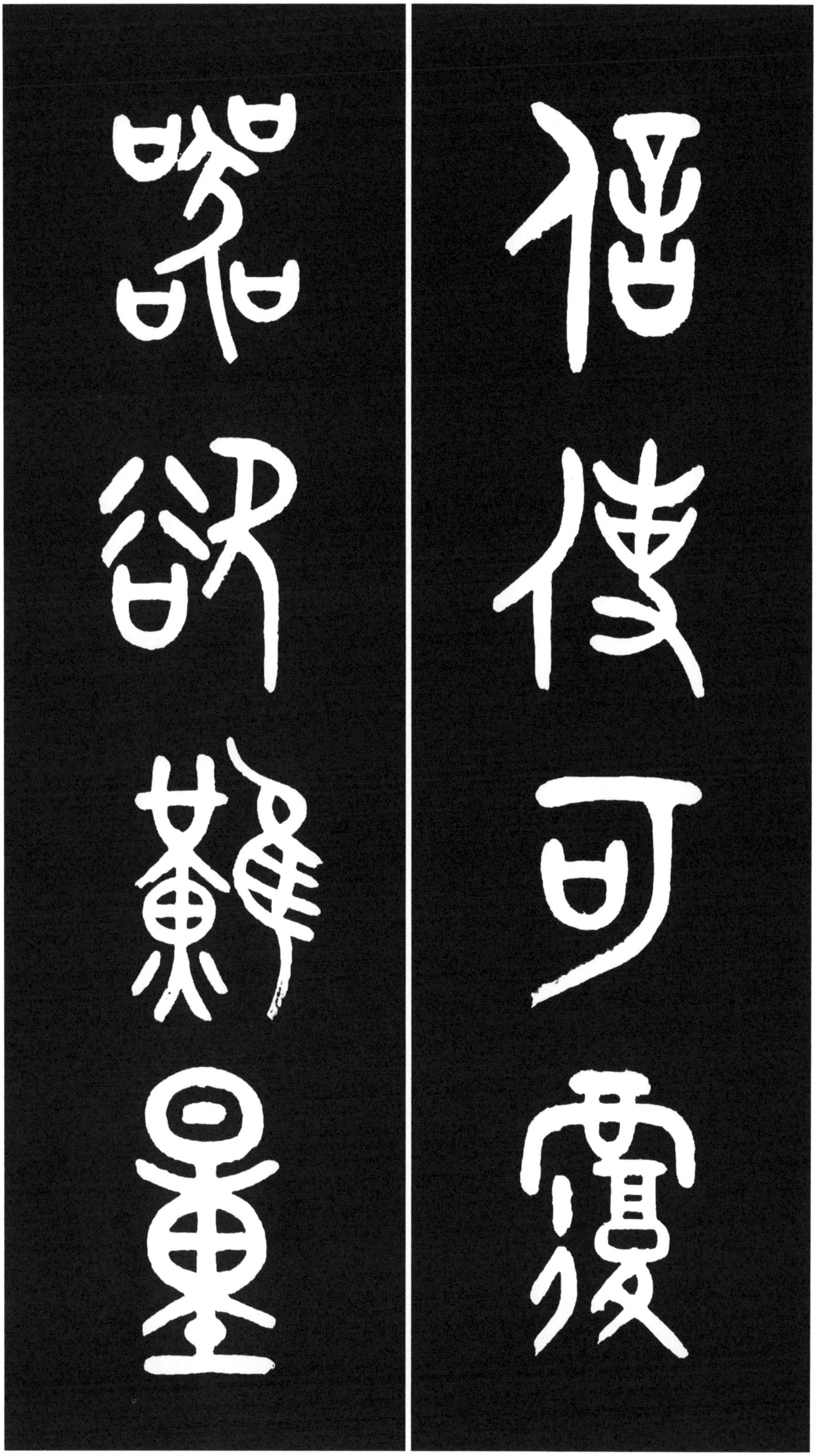

信使可覆 器欲難量 — 신사가복 기욕난량 — 믿음 가는 일은 거듭해야 하고, 그릇은 헤아리기 어렵도록 키워야 한다.

信 믿을 신, 使 하여금 사, 可 옳을 가, 覆 덮을 복, 器 그릇 기, 欲 하고자할 욕, 難 어지러울 난, 量 헤아릴 량

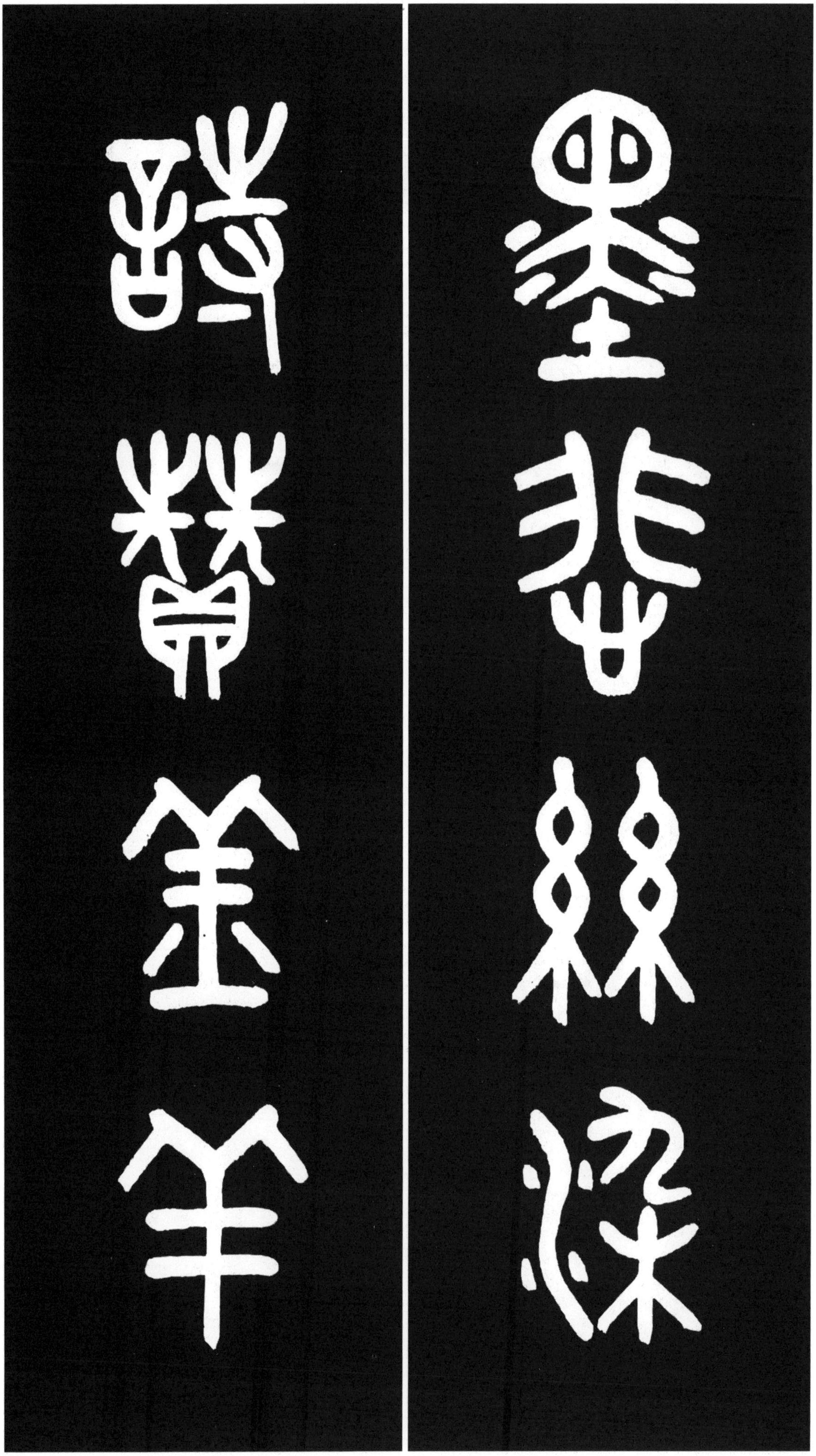

墨悲絲染 詩讚羔羊

墨悲絲染 詩讚羔羊 ㅡ 묵비사염 시찬고양 ㅡ 묵자(墨子)는 실이 물들여지는 것을 슬퍼했고, 시경(詩經)에서는 고양편(羔羊編)을 찬미했다。

墨 먹 묵、悲 슬플 비、絲 실 사、染 물들일 염、詩 글 시、讚 기릴 찬、羔 염소 고、羊 양 양

景行維賢 剋(克)念作聖 — 경행유현 극념작성 — 행동을 빛나게 하는 사람이 어진 사람이요、힘써 마음에 생각하면 성인이 된다。

景 볕 경、行 다닐 행、維 얽을 유、賢 어질 현、剋(克) 이길 극、念 생각할 념、作 지을 작、聖 성인 성

德建名立 形端表正 — 덕건명립 형단표정 — 덕이 서면 명예가 서고, 형모(形貌)가 단정하면 의표(儀表)도 바르게 된다。

德 큰덕、建 세울건、名 이름명、立 설립、形 형상형、端 끝단、表 겉표、正 바를정

空谷傳聲 虛堂習聽 ― 공곡전성 허당습청 ― 성현의 말은 마치 빈 골짜기에 소리가 전해지듯이 멀리 퍼져 나가고, 사람의 말은 아무리 빈집에서라도 신(神)은 익히 들을 수가 있다.

空 빌 공, 谷 골 곡, 傳 전할 전, 聲 소리 성, 虛 빌 허, 堂 집 당, 習 익힐 습, 聽 들을 청

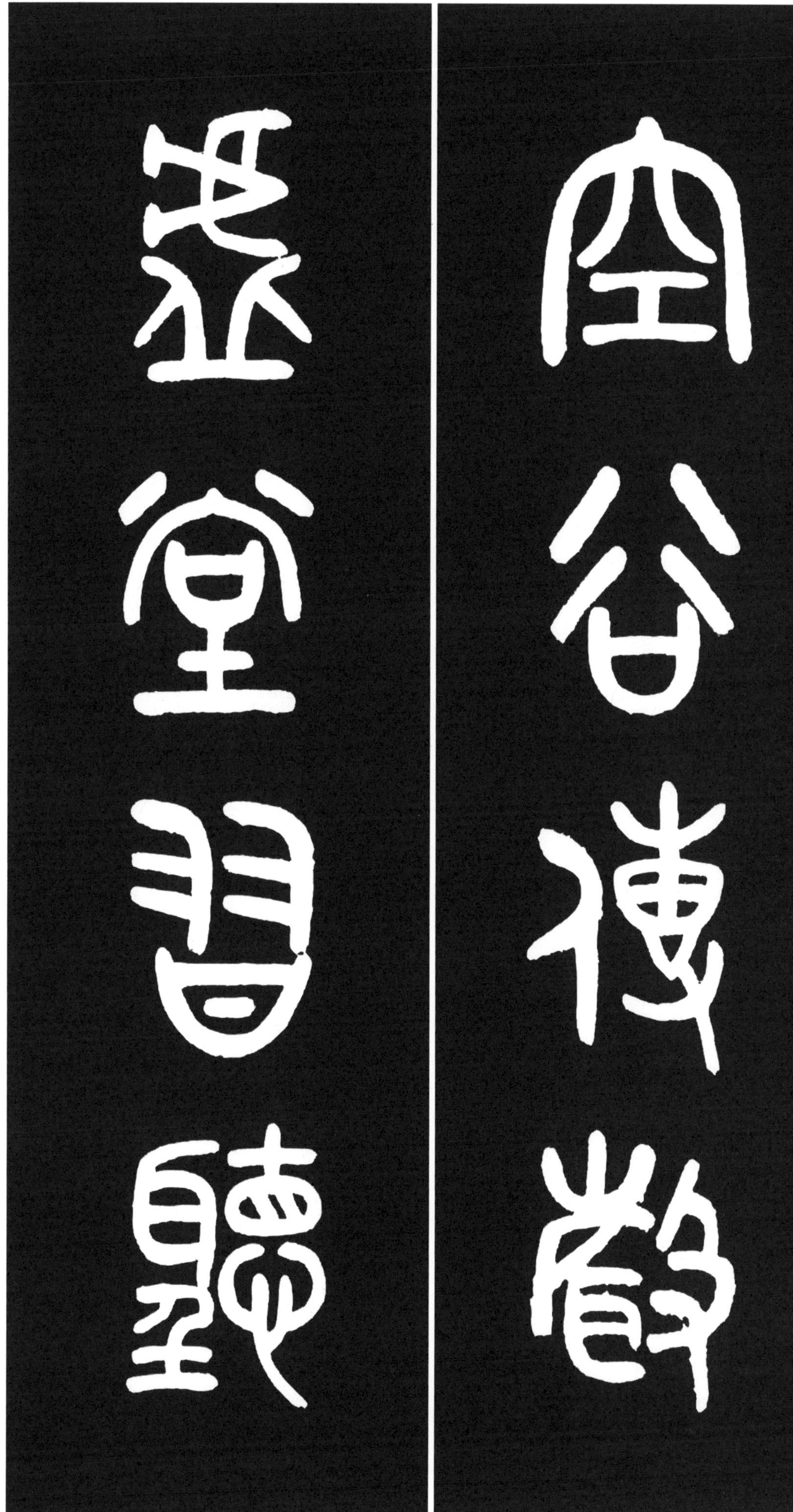

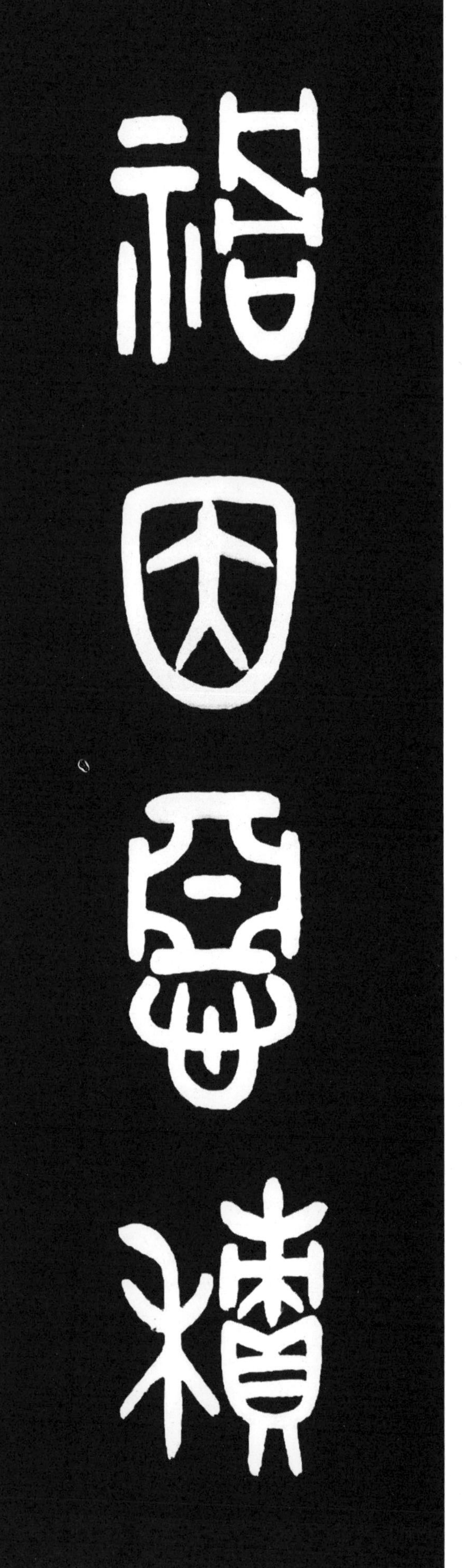

禍因惡積 福緣善慶 — 화인악적 복연선경 — 악한 일을 하는 데서 재앙은 쌓이고, 착하고 경사스러운 일로 인해서 복은 생긴다。

禍 재앙 화、因 인할 인、惡 모질 악、積 쌓을 적、福 복 복、緣 인연 연、善 착할 선、慶 경사 경

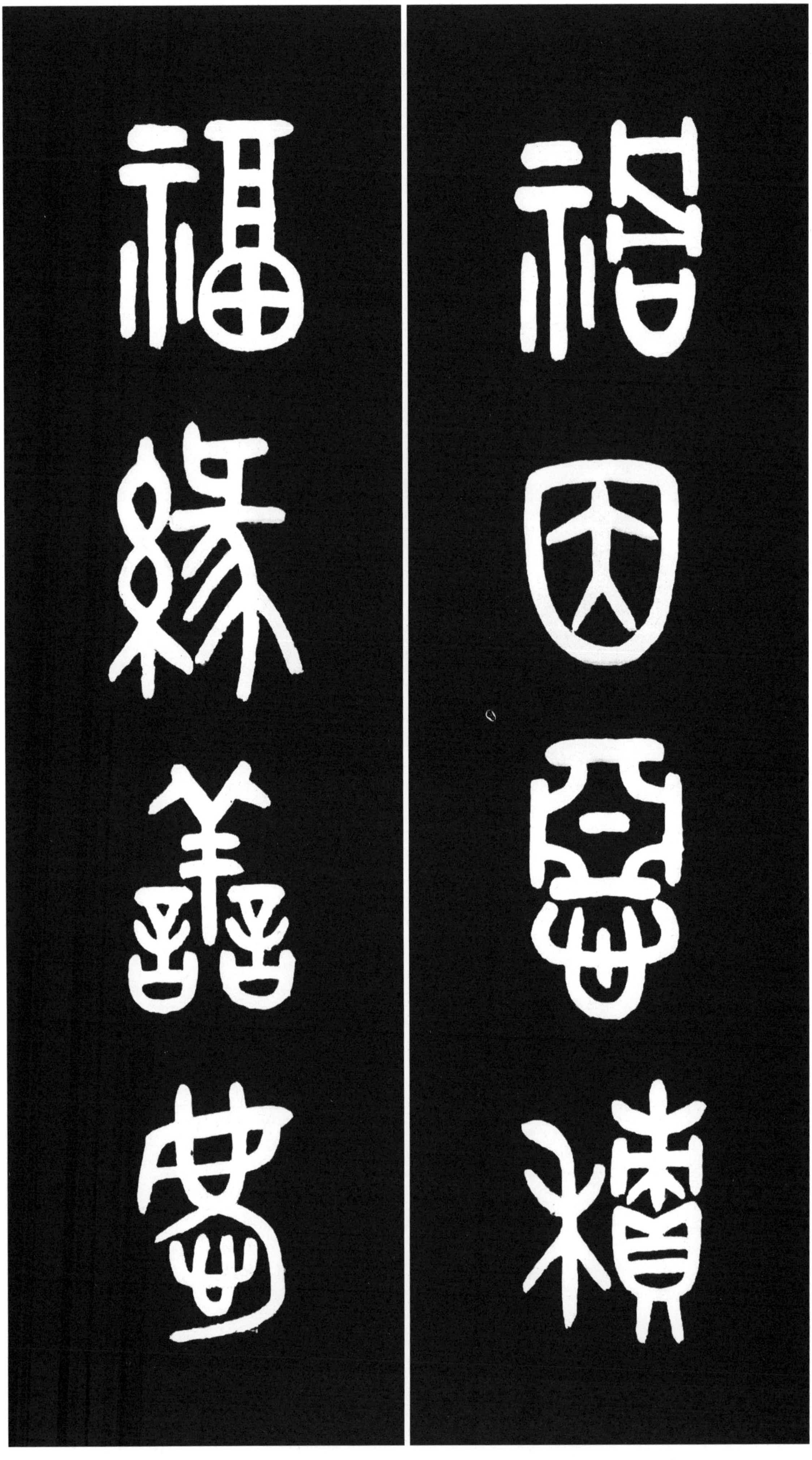

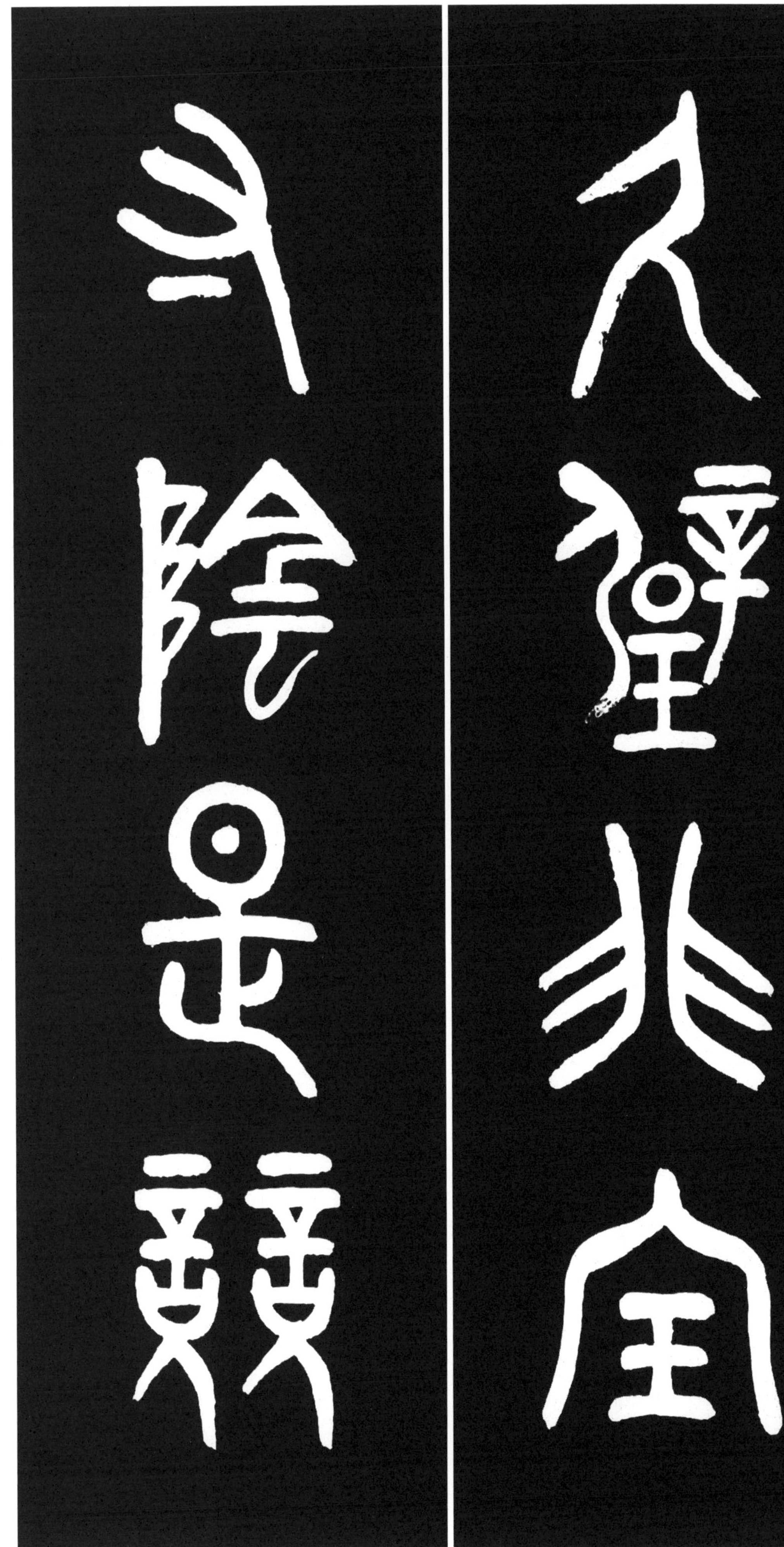

尺璧非寶 寸陰是競 — 척벽비보 촌음시경 — 한 자 되는 큰 구슬이 보배가 아니다。한 치의 짧은 시간이라도 다투어야 한다。

尺 자 척、璧 구슬 벽、非 아닐 비、寶 보배 보、寸 마디 촌、陰 그늘 음、是 이 시、競 다툴 경

資父事君 曰嚴與敬 ─ 자부사군 왈엄여경 ─ 아비 섬기는 마음으로 임금을 섬겨야 하니, 그것은 존경하고 공손히 하는 것뿐이다.

資 재물 자, 父 아비 부, 事 일 사, 君 임금 군, 曰 가로 왈, 嚴 엄할 엄, 與 더불 여, 敬 공경 경

孝當竭力 忠則盡命 ― 효당갈력 충즉진명 ― 효도는 마땅히 있는 힘을 다해야 하고, 충성은 곧 목숨을 다해야 한다.

孝 효도 효, 當 마땅 당, 竭 다할 갈, 力 힘 력, 忠 충성 충, 則 곧 즉(법 칙), 盡 다할 진, 命 목숨 명

臨深履篰(薄) 夙興溫凊 — 임심리박 숙흥온정 — 깊은 물가에 다다른 듯 살얼음 위를 걷듯이 하고、일찍 일어나 부모의 따뜻한가 서늘한가를 보살핀다。

臨 임할 림、深 깊을 심、履 밟을 리、篰(薄) 엷을 박、夙 이를 숙、興 일어날 흥、溫 더울 온、凊서늘할 정(청)

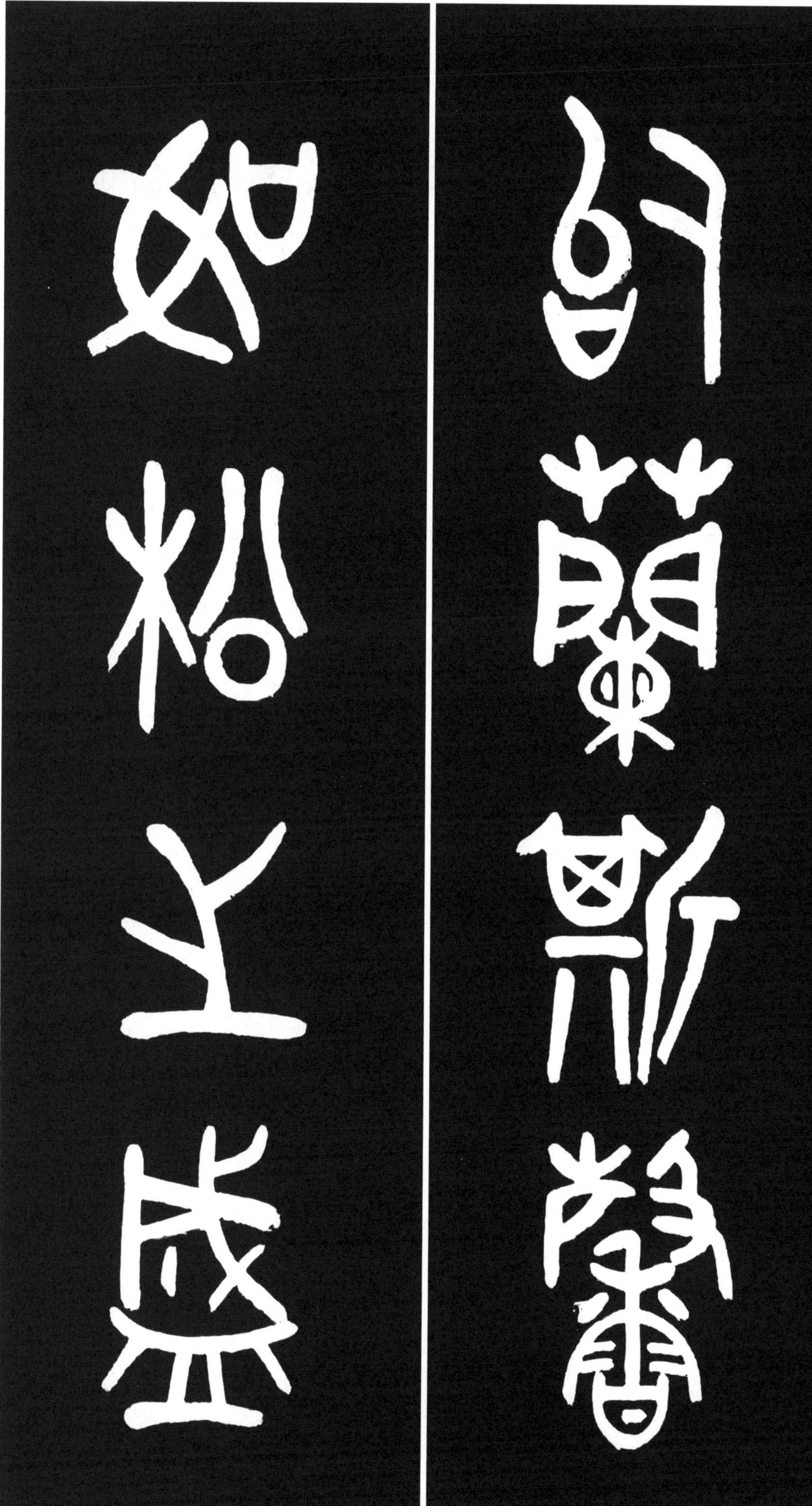

似蘭斯馨 如松之盛 — 사란사형 여송지성 — 난초같이 향기롭고, 소나무처럼 무성하다。

似 같을 사、蘭 난초 란、斯 이 사、馨 향기 형、如 같을 여、松 소나무 송、之 갈 지、盛 성할 성

川流不息 淵澄取映 — 천류불식 연징취영 — 냇물은 흘러 쉬지 않고, 연못물은 맑아서 온갖 것을 비친다。

川 내 천, 流 흐를 류, 不 아닐 불, 息 쉴 식, 淵 못 연, 澄 맑을 징, 取 취할 취, 映 비칠 영

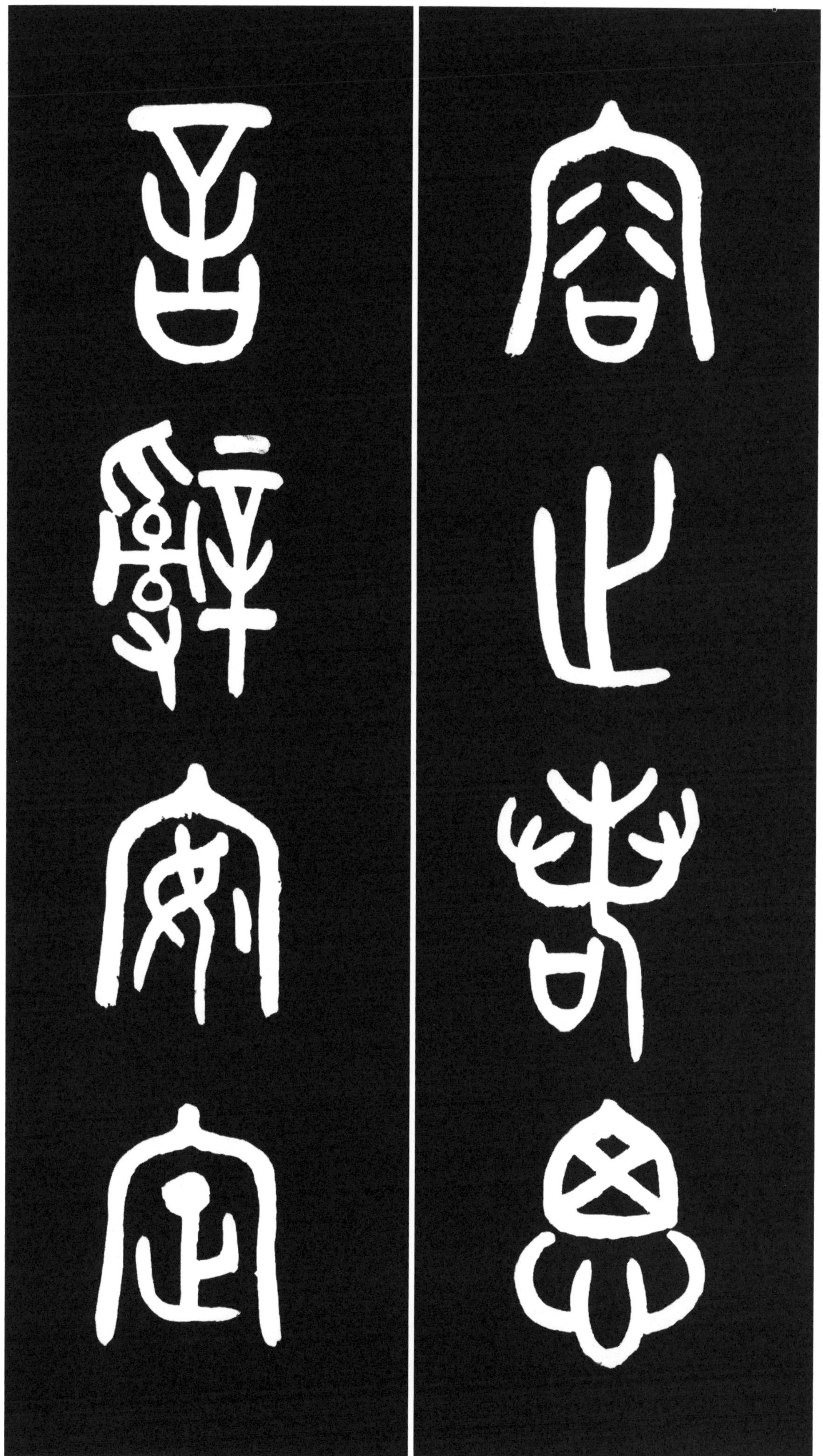

容止若思 言辭安定 ― 용지약사 언사안정 ― 얼굴과 거동은 생각하듯 하고, 말은 안정되게 해야 한다。

容 얼굴 용、止 그칠 지、若 같을 약、思 생각 사、言 말씀 언、辭 말씀 사、安 편안 안、定 정할 정

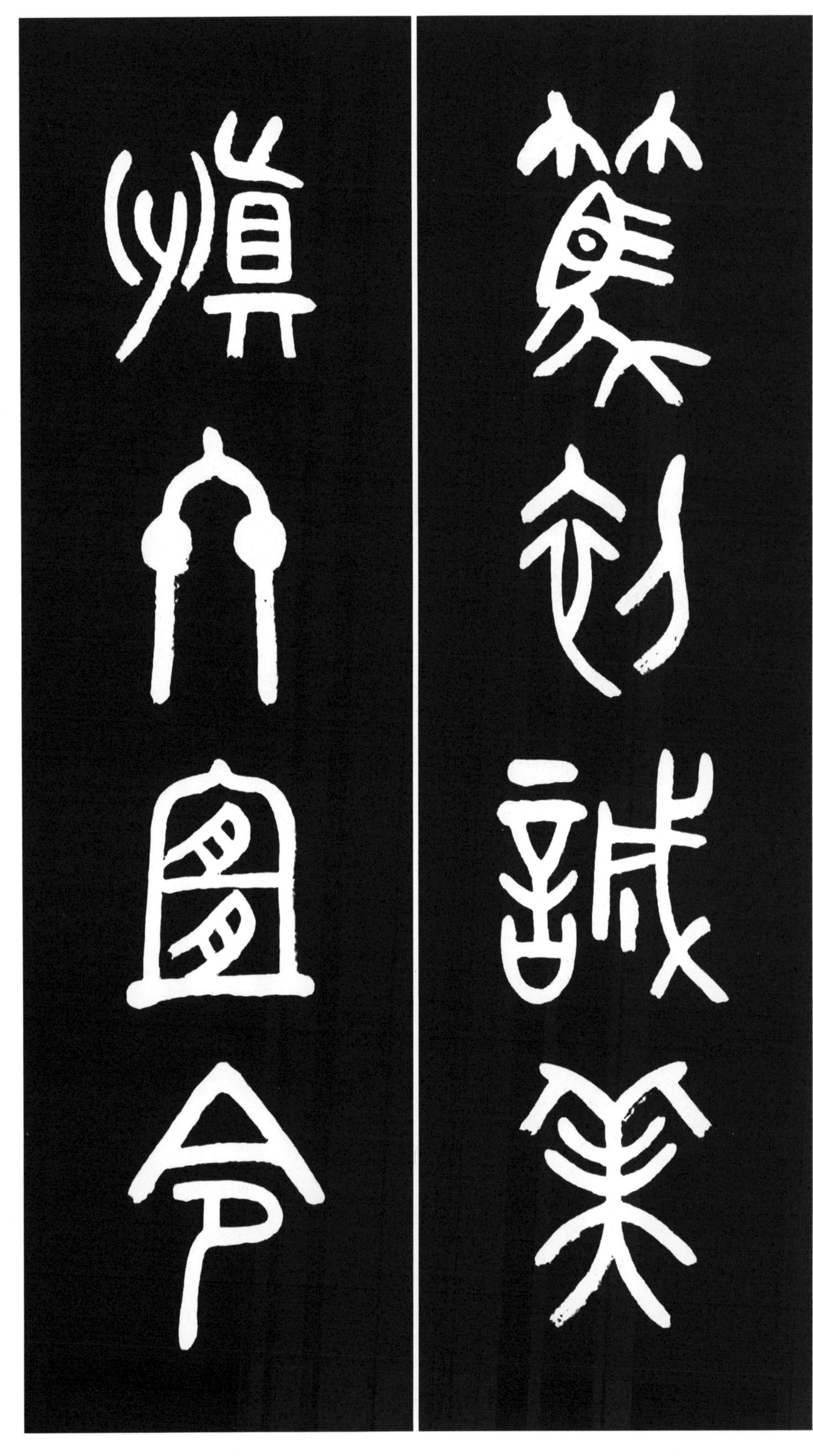

篤初誠美 愼終宜令 ㅡ독초성미 신종의령ㅡ 처음을 독실하게 하는 것이 참으로 아름답고、끝맺음을 조심하는 것이 마땅하다。

篤 도타울 독、初 처음 초、誠 정성 성、美 아름다울 미、愼 삼갈 신、終 마칠 종、宜 마땅 의、令 하여금 령

榮業所基 籍甚無竟 ― 영업소기 적심무경 ― 영달과 사업에는 반드시 기인하는 바가 있게 마련이며, 그래야 명성이 끝이 없을 것이다.

榮 영화 영, 業 업 업, 所 바 소, 基 터 기, 籍 호적 적, 甚 심할 심, 無 없을 무, 竟 마칠 경

學優登仕 攝職從政 一 학우등사 섭직종정 一 배움이 넉넉하면 벼슬에 오르고、직무를 맡아 정치에 종사할 수 있다。

學 배울 학、優 넉넉할 우、登 오를 등、仕 벼슬 사、攝 잡을 섭、職 벼슬 직、從 좇을 종、政 정사 정

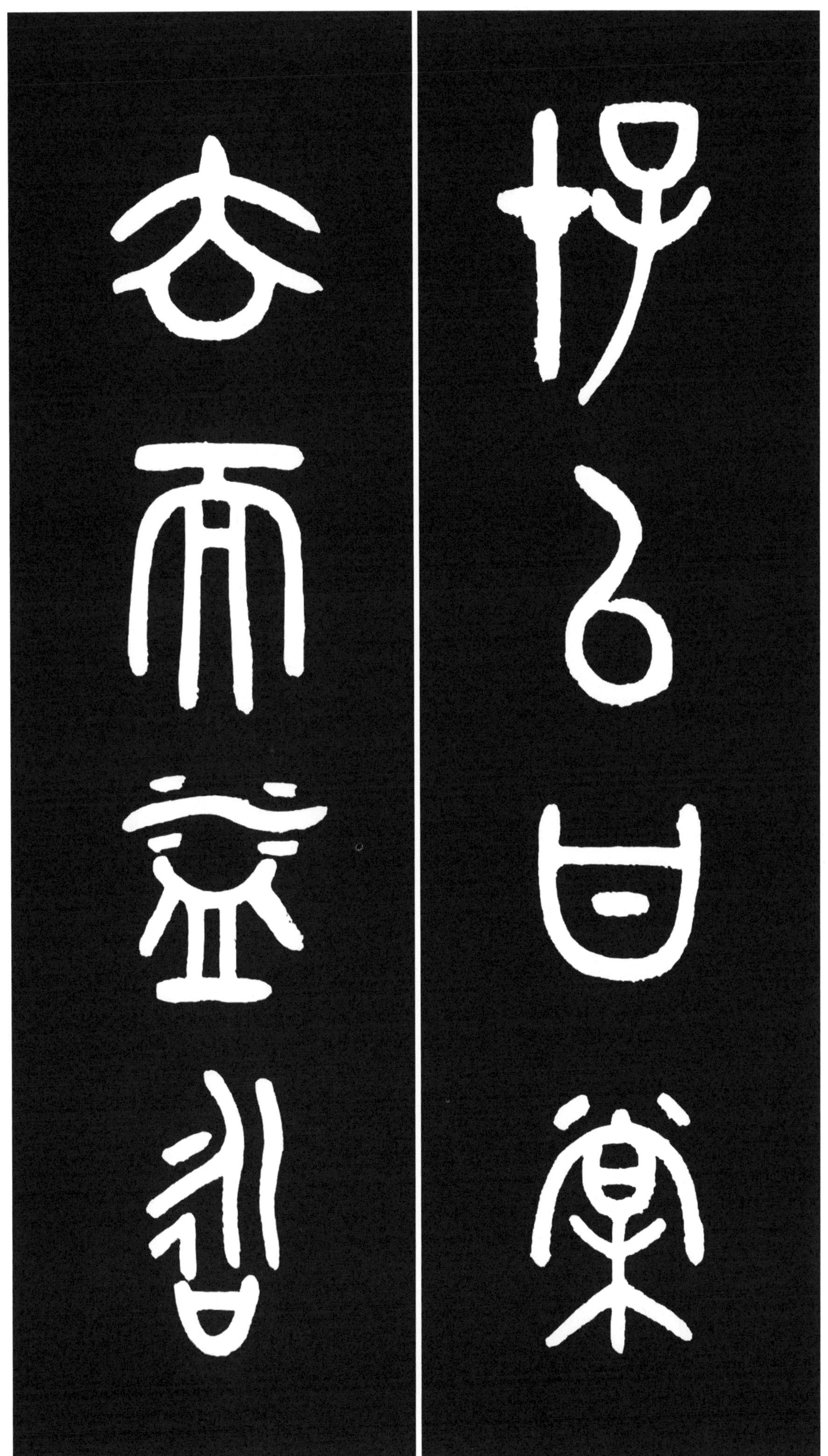

存以甘棠 去而益咏(詠) — 존이감당 거이익영 — 소공(召公)이 감당나무 아래 머물고, 떠난 뒤엔 감당시로 더욱 칭송하여 읊는다。

存 있을 존、以 써 이、甘 달 감、棠 아가위 당、去 갈 거、而 말이을 이、益 더할 익、咏(詠) 읊을 영

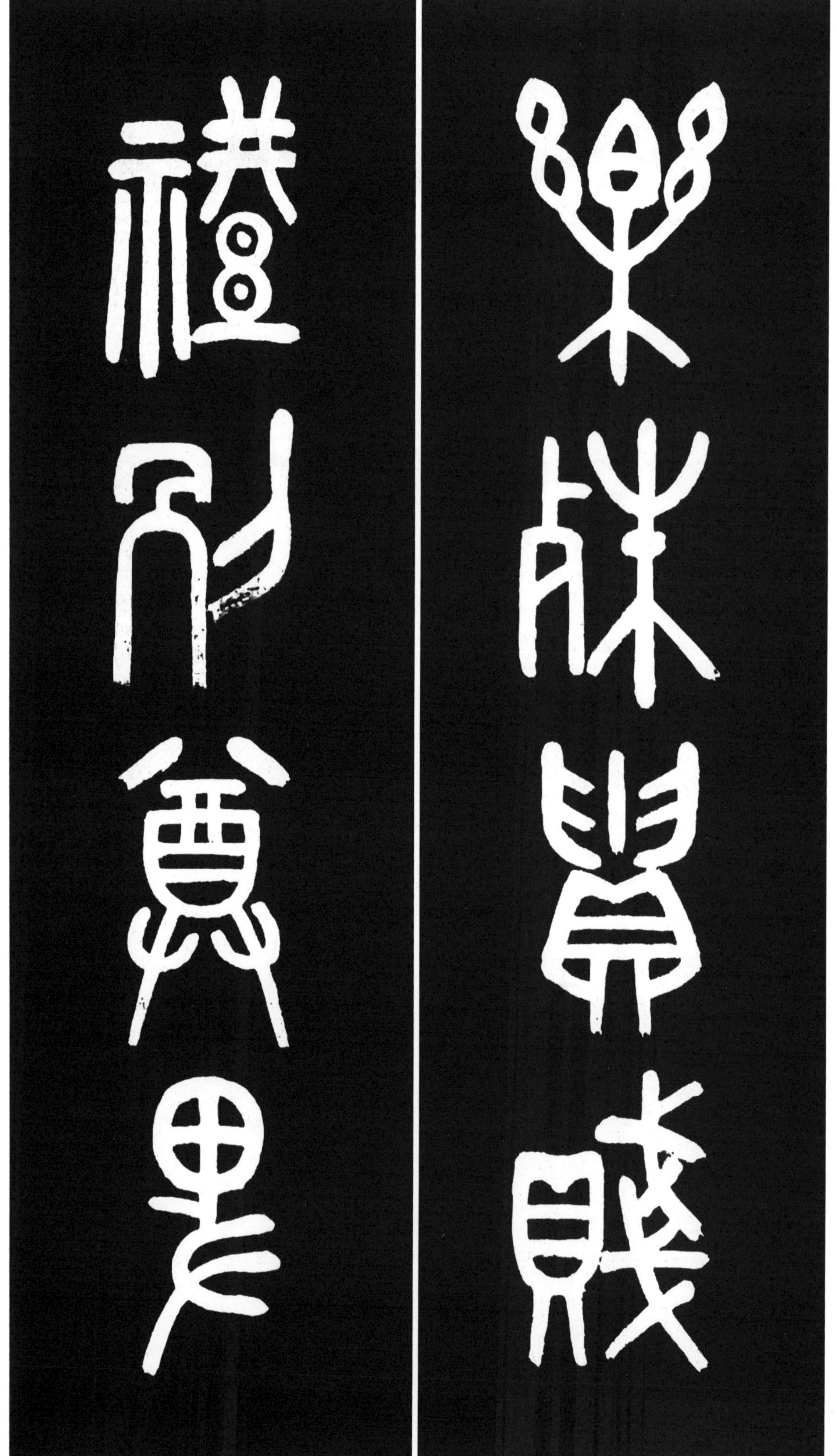

樂殊貴賤 禮別尊卑 ㅡ 악수귀천 예별존비 ㅡ 풍류는 귀천에 따라 다르고, 예의도 높낮음에 따라 다르다。

樂 풍류 악、殊 다를 수、貴 귀할 귀、賤 천할 천、禮 예도 례、別 다를 별、尊 높을 존、卑 낮을 비

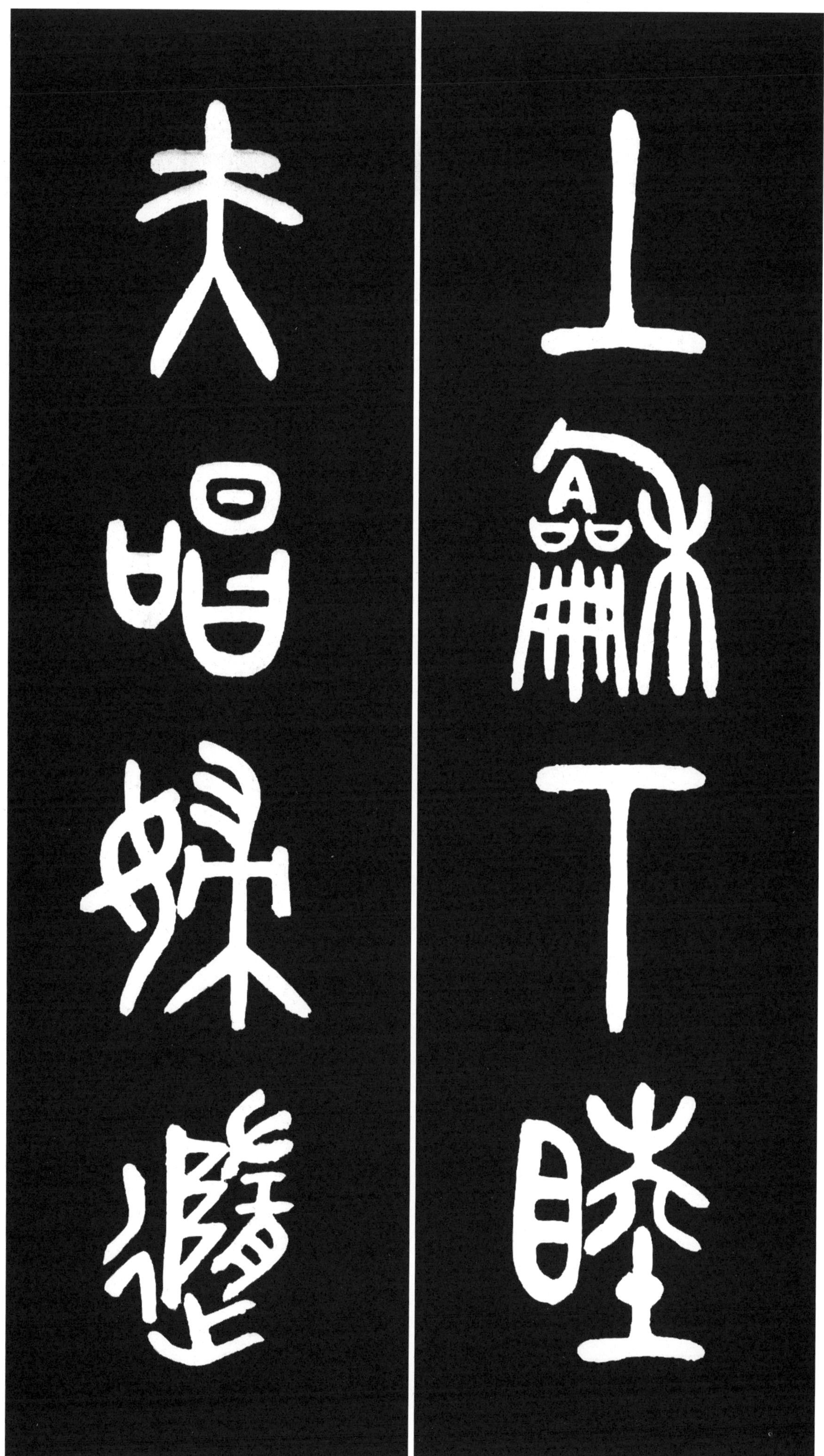

上和下睦 夫唱婦隨 ― 상화하목 부창부수 ― 윗사람이 온화하면 아랫사람도 화목하고, 지아비는 이끌고 지어미는 따른다.

上 윗 상, 和 화할 화, 下 아래 하, 睦 화목할 목, 夫 지아비 부, 唱 부를 창, 婦 아내 부, 隨 따를 수

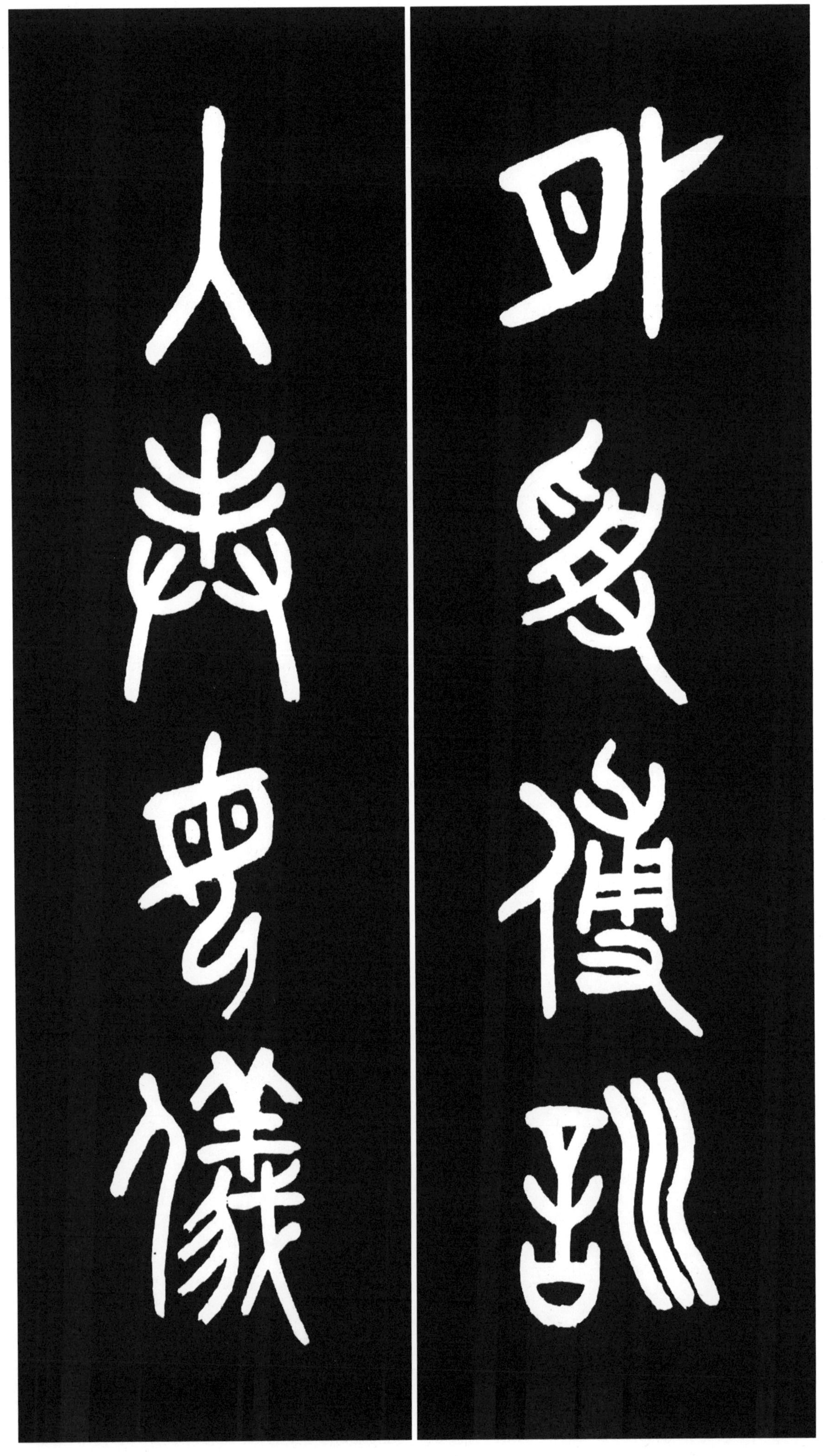

外受傅訓 入奉母儀 ㅡ외수부훈 입봉모의ㅡ밖에 나가서는 스승의 가르침을 받고, 안에 들어와서는 어머니의 거동을 받든다。

外 바깥 외、受 받을 수、傅 스승 부、訓 가르칠 훈、入 들 입、奉 받들 봉、母 어머니 모、儀 거동 의

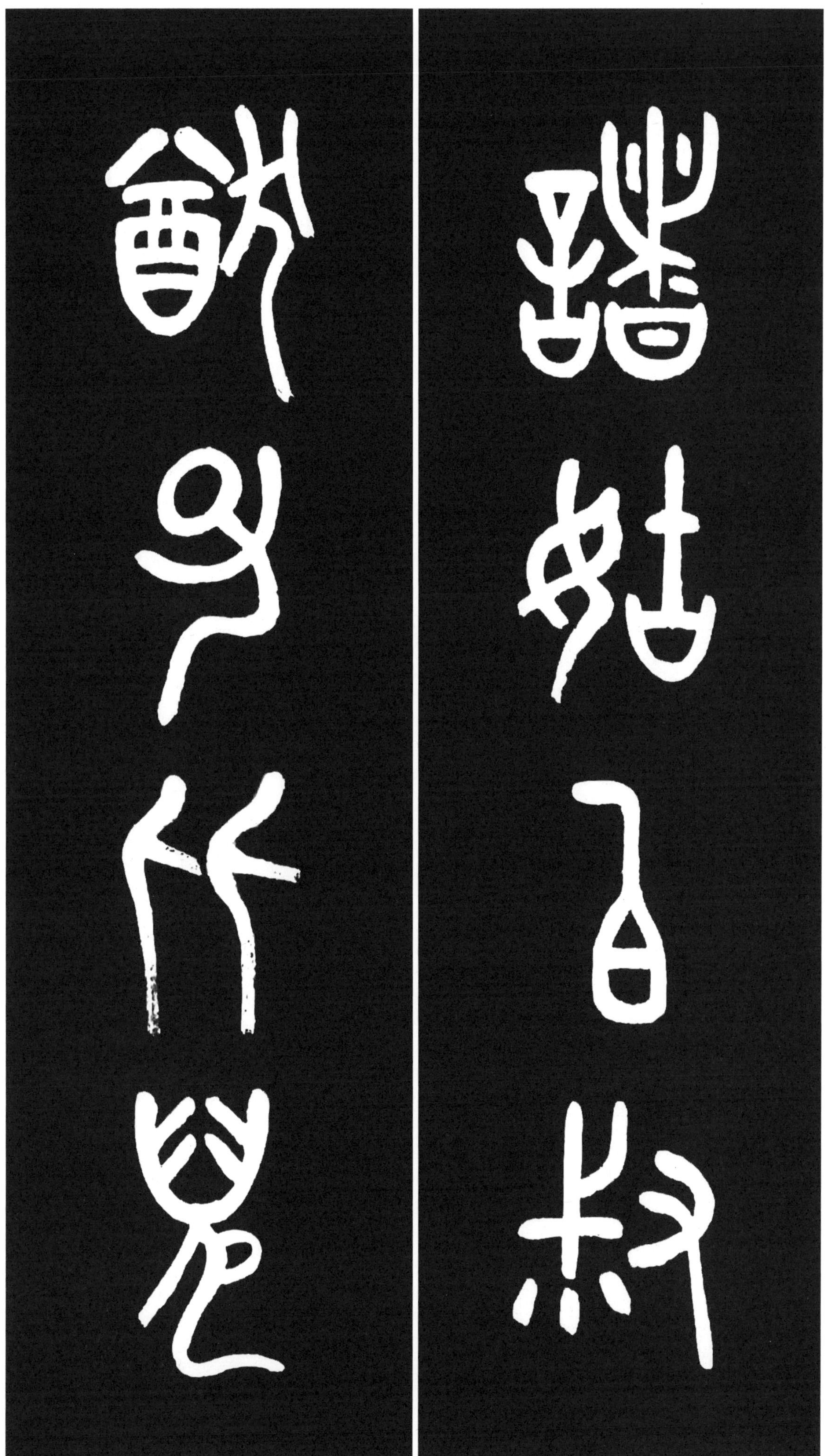

諸姑伯叔 猶子比兒 — 제고백숙 유자비아 — 모든 고모와 아버지의 형제들은 조카를 자기 아이처럼 생각하고,

諸 모두 제, 姑 고모 고, 伯 맏 백, 叔 아저씨 숙, 猶 오히려 유, 子 아들 자, 比 견줄 비, 兒 아이 아

孔懷兄弟 同氣連枝 ― 공회형제 동기련지 ― 가장 가깝게 사랑하여 잊지 못하는 것은 형제간이니, 동기간은 한 나무에서 이어진 가지와 같기 때문이다.

孔 구멍 공, 懷 품을 회, 兄 맏 형, 弟 아우 제, 同 한가지 동, 氣 기운 기, 連 연할 련, 枝 가지 지

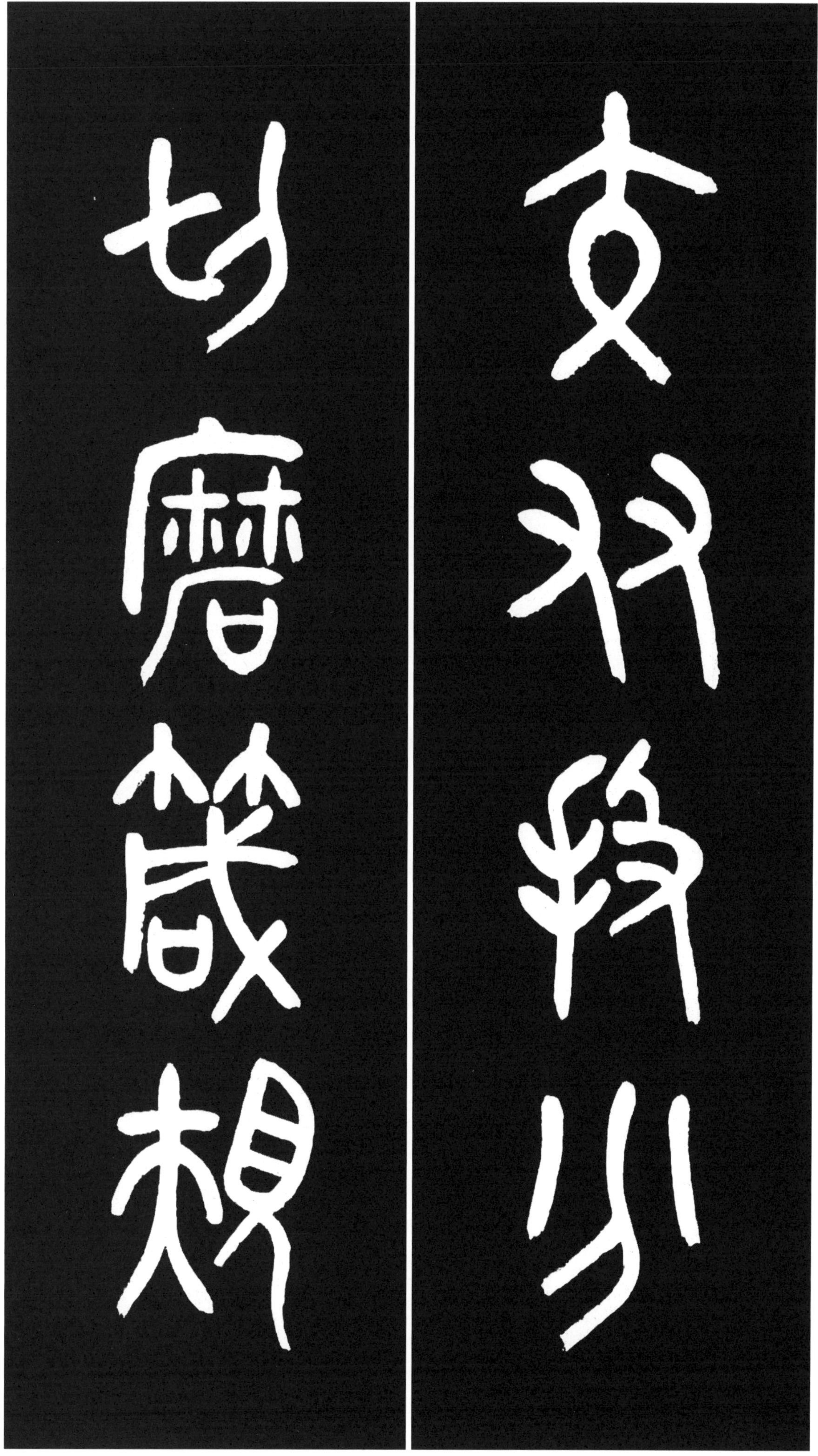

交友投分 切磨箴規 — 교우투분 절마잠규 — 벗을 사귐에는 분수를 지켜 의기를 투합해야 하며, 학문과 덕행을 갈고 닦아 서로 경계하고 바르게 인도해야 한다.

交 사귈 교, 友 벗 우, 投 던질 투, 分 나눌 분, 切 간절 절, 磨 갈 마, 箴 경계할 잠, 規 법 규

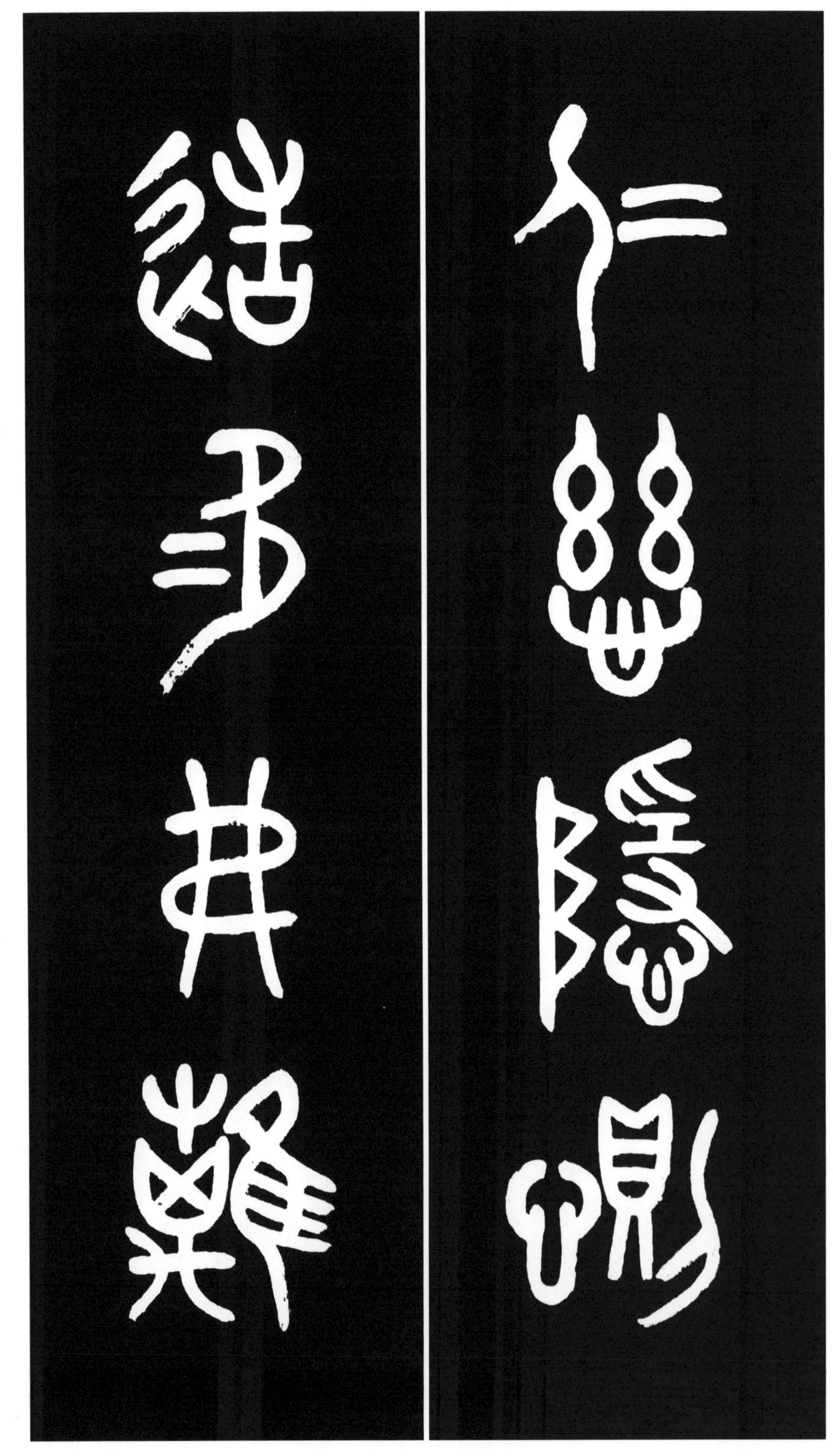

仁慈隱惻 造次弗離 — 인자은측 조차불리 — 어질고 사랑하며 측은히 여기는 마음이 잠시라도 마음속에서 떠나서는 안 된다。

仁 어질 인、慈 사랑할 자、隱 숨을 은、惻 슬플 측、造 지을 조、次 버금 차、弗 아닐 불、離 떠날 리

節義廉佷(退) 顚沛匪虧 — 절의렴퇴 전패비휴 — 절의와 청렴과 물러감은 어려운 가운데에서도 이지러져서는 안 된다。

節 마디 절、義 옳을 의、廉 청렴할 렴、佷(退) 물러날 퇴、顚 엎어질 전、沛 자빠질 패、匪 아닐 비、虧 이지러질 휴

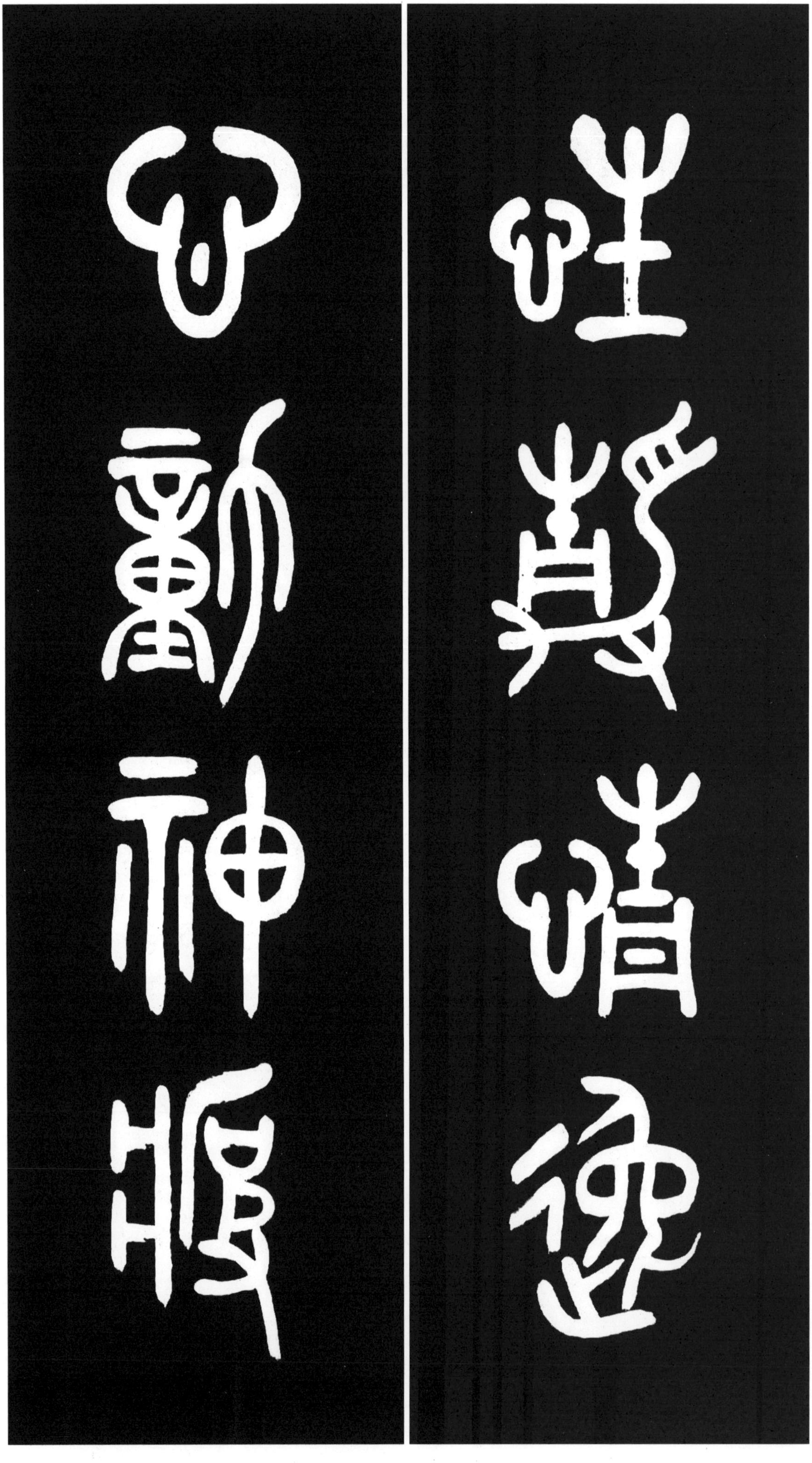

性靜情逸 心動神疲 ─ 성정정일 심동신피 ─ 성품이 고요하면 마음이 편안하고、마음이 흔들리면 정신이 피로해진다。

性 성품 성、靜 고요 정、情 뜻 정、逸 편안할 일、心 마음 심、動 움직일 동、神 귀신 신、疲 피로할 피

守眞志滿 逐物意移 ― 수진지만 축물의이 ― 참됨을 지키면 뜻이 가득해지고 물욕을 좇으면 생각도 이리저리 옮겨진다。

守 지킬 수、眞 참 진、志 뜻 지、滿 가득할 만、逐 쫓을 축、物 만물 물、意 뜻 의、移 옮길 이

堅持雅操 好爵自縻 — 견지아조 호작자미 — 올바른 지조를 굳게 가지면、높은 지위는 스스로 그에게 얽히어 이른다。

堅 굳을 견、持 가질 지、雅 바를 아、操 잡을 조、好 좋을 호、爵 벼슬 작、自 스스로 자、縻 얽어맬 미

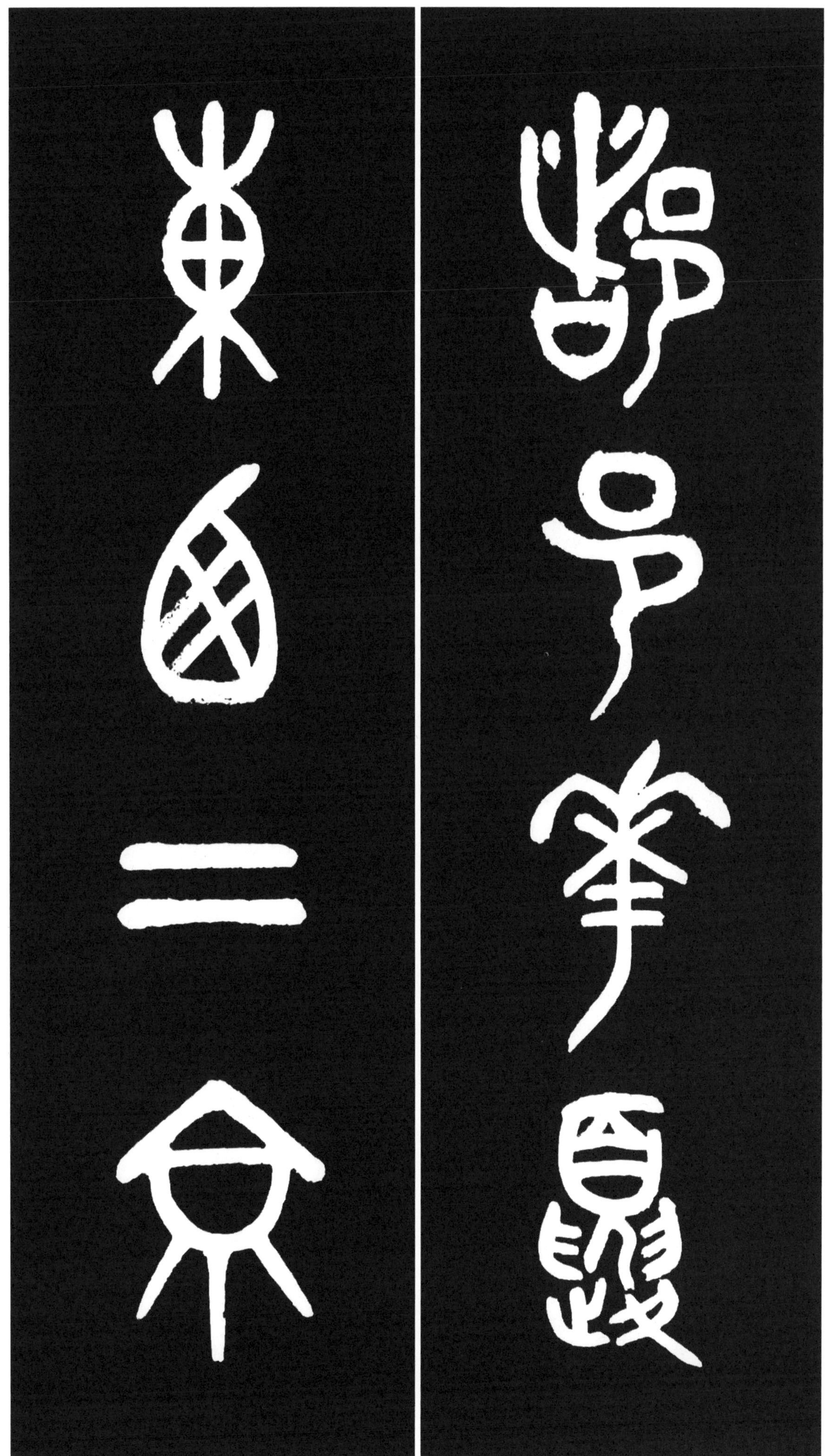

都邑華夏 東西二京 — 도읍화하 동서이경 — 화하(華夏)의 도읍에는 동경(洛陽)과 서경(長安)이 있다。

都 도읍 도、邑 고을 읍、華 빛날 화、夏 여름 하、東 동녘 동、西 서녘 서、二 두 이、京 서울 경

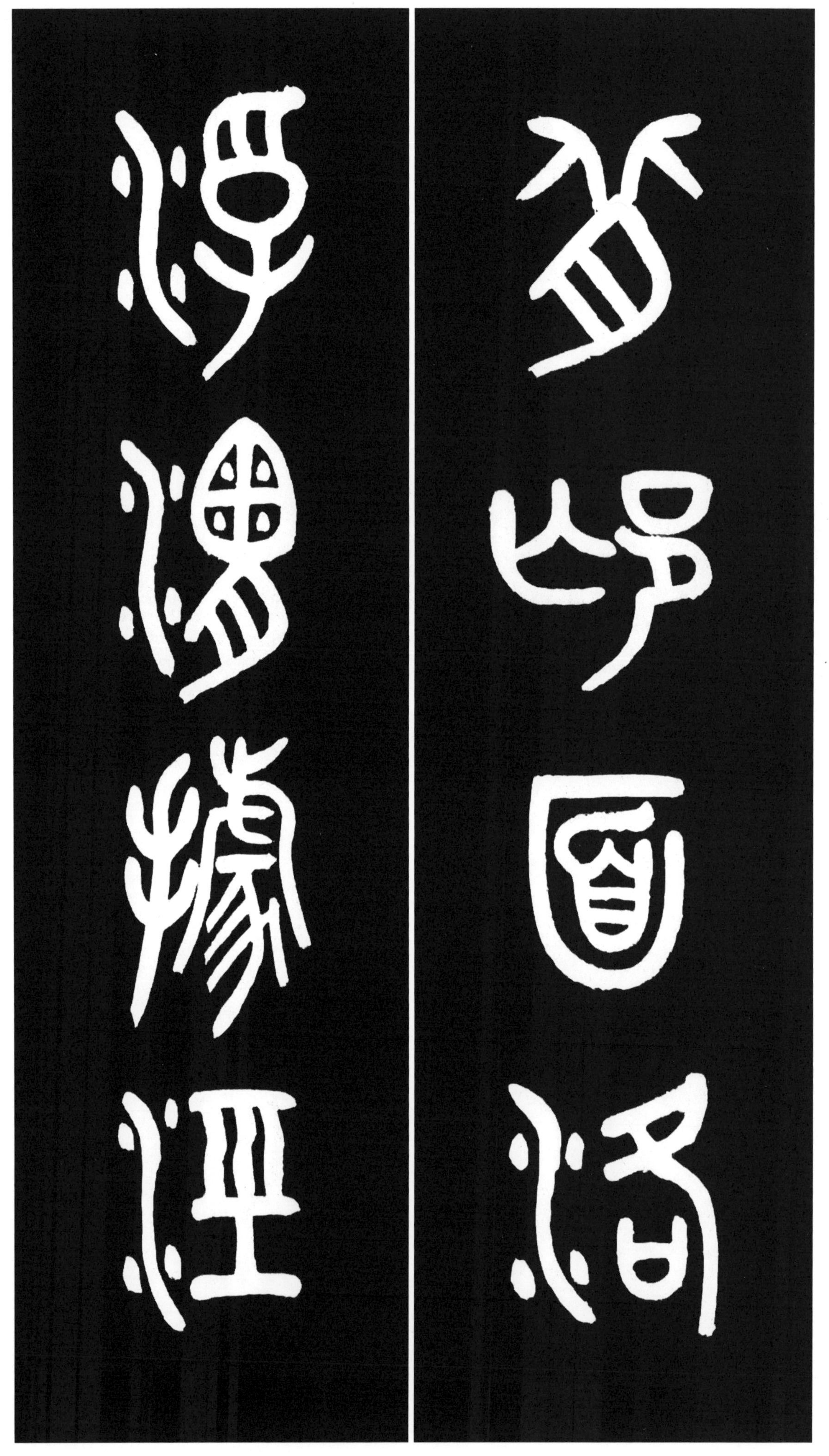

背邙面洛 浮渭據涇 — 배망면락 부위거경 — 낙양은 북망산을 등 뒤로 하여 낙수를 앞에 두고、장안은 위수에 떠 있는 듯 경수를 의지하고 있다。

背 등 배、邙 뫼 망、面 낯 면、洛 낙수 락、浮 뜰 부、渭 위수 위、據 웅거할 거、涇 경수 경

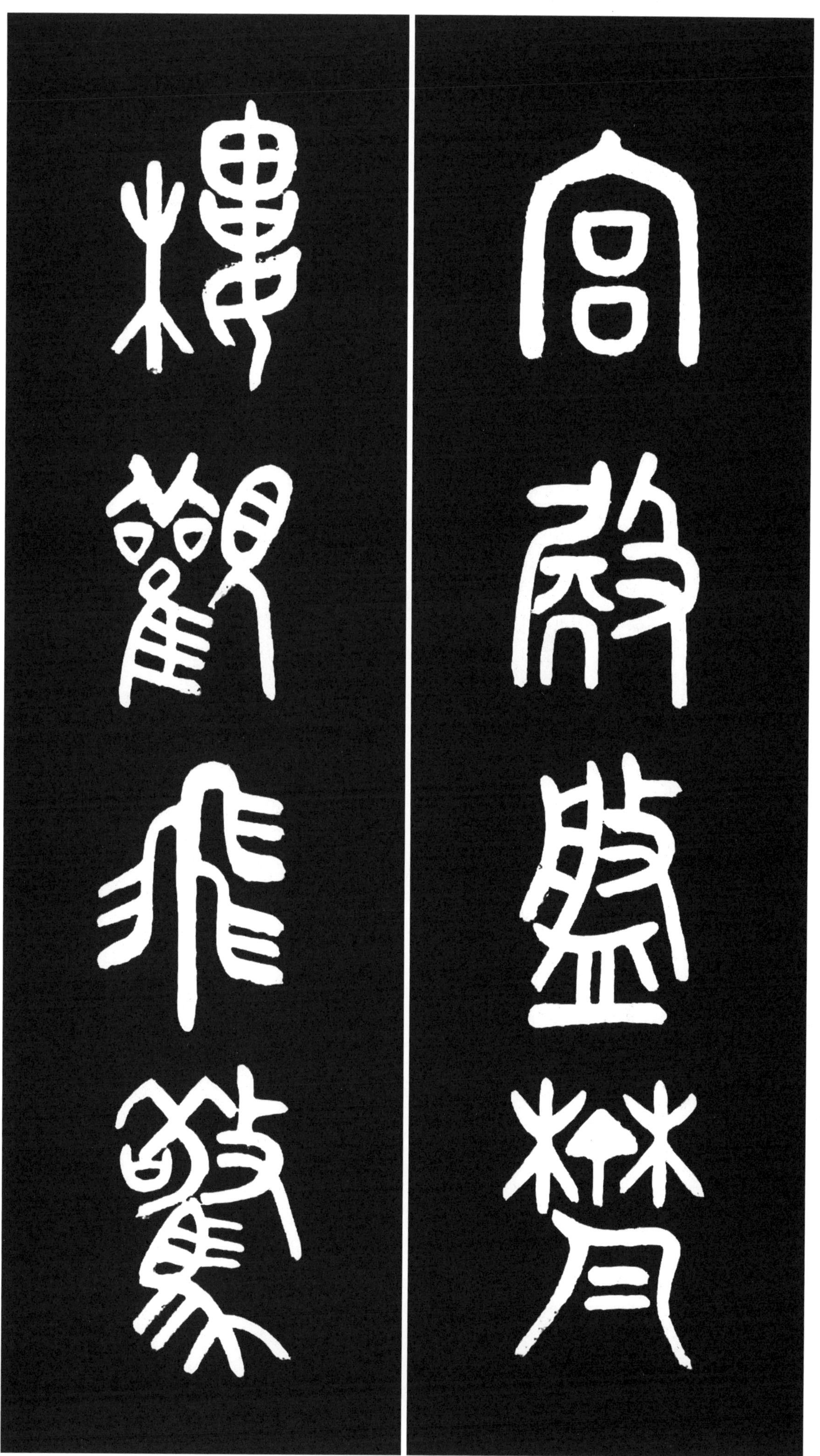

宮殿盤鬱 樓觀飛驚 — 궁전반울 누관비경 — 궁(宮)과 전(殿)은 빽빽하게 들어찼고, 누(樓)와 관(觀)은 새가 하늘을 나는 듯 솟아 놀랍다.

宮 집 궁, 殿 전각 전, 盤 소반 반, 鬱 울창할 울, 樓 다락 루, 觀 볼 관, 飛 날 비, 驚 놀랄 경

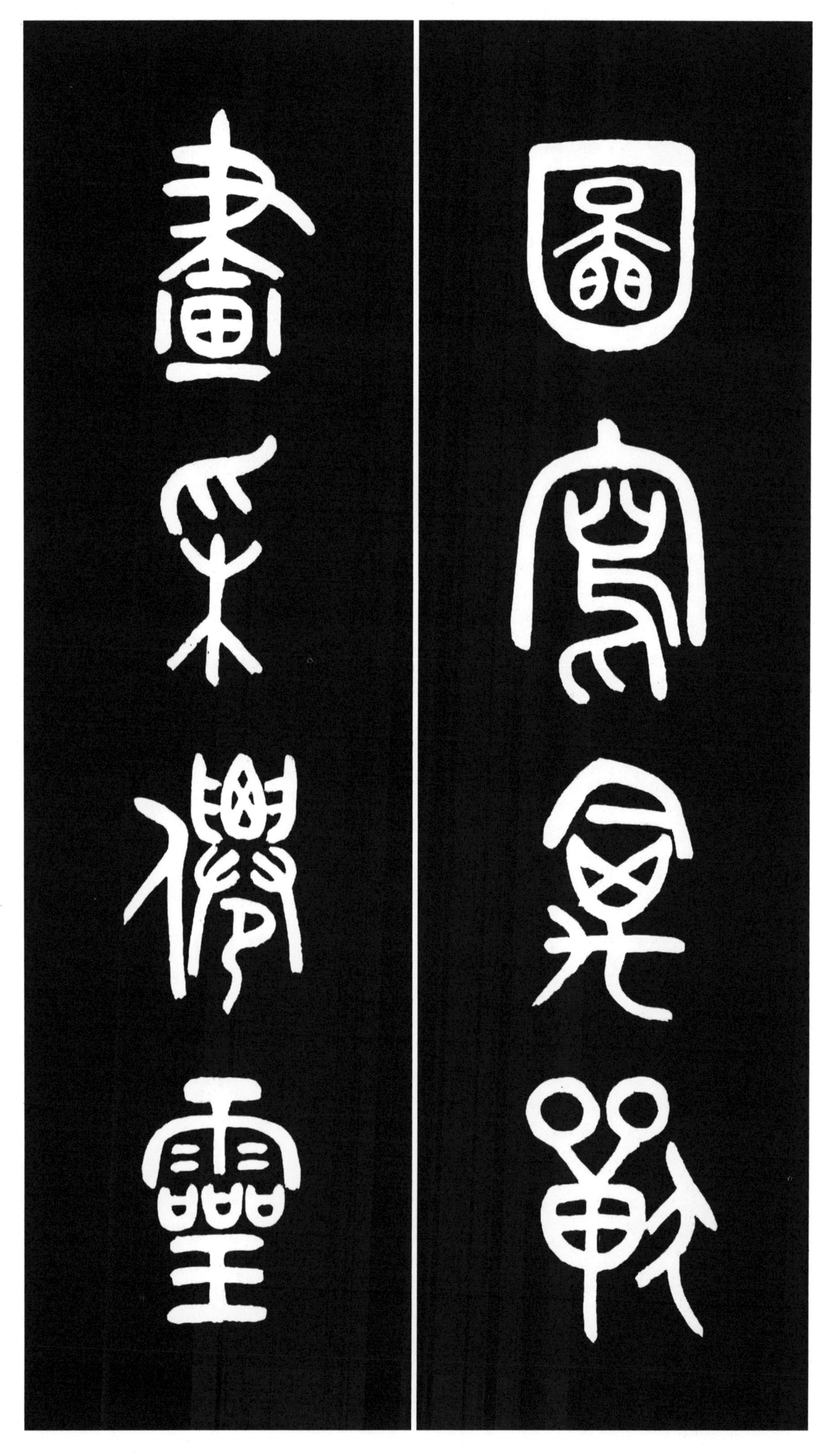

圖寫禽獸 畵采(彩)仙靈 ㅡ 도사금수 화채선령 ㅡ 새와 짐승을 그린 그림이 있고, 신선들의 모습도 채색하여 그렸다.

圖 그림 도, 寫 쓸 사, 禽 새 금, 獸 짐승 수, 畵 그림 화, 采(彩) 채색 채, 仙 신선 선, 靈 신령 령

丙舍傍啓 甲帳對楹 — 병사방계 갑장대영 — 신하들이 쉬는 병사의 문은 정전(正殿) 곁에 열려 있고, 화려한 휘장이 큰 기둥에 둘려 있다.

丙 남녘 병, 舍 집 사, 傍 곁 방, 啓 열 계, 甲 갑옷 갑, 帳 장막 장, 對 대할 대, 楹 기둥 영

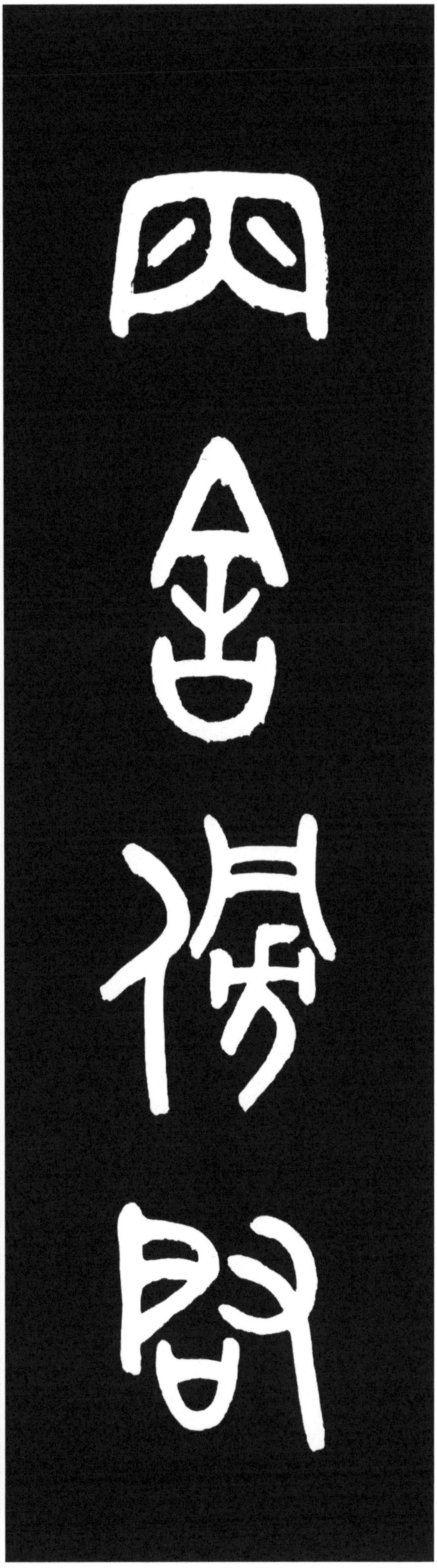

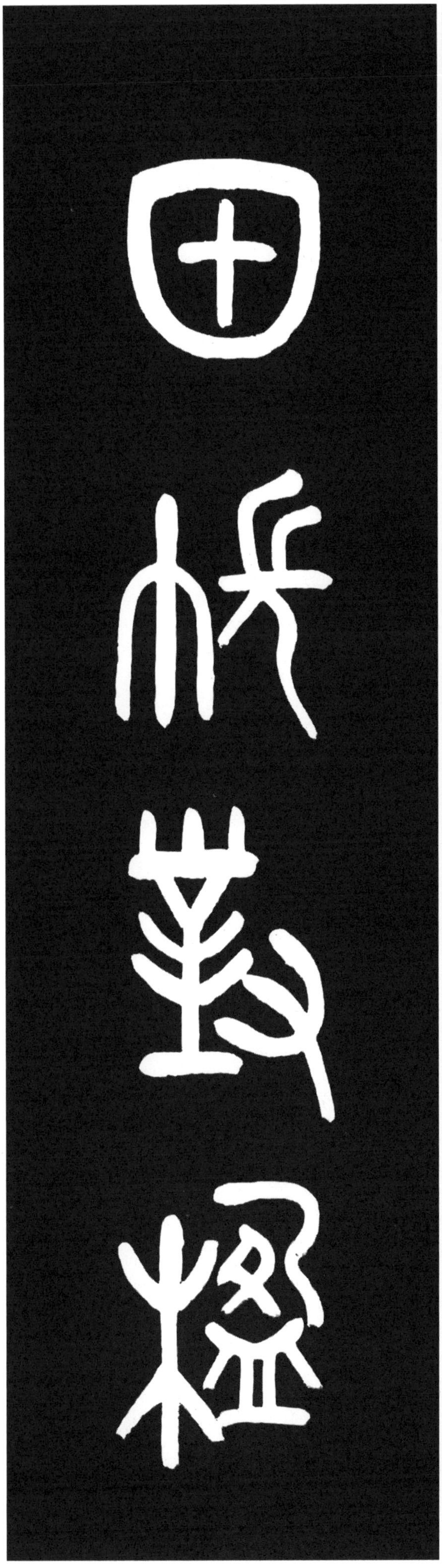

肆筵設席 鼓瑟吹笙 — 사연설석 고슬취생 — 자리를 만들고 돗자리를 깔고서, 비파를 뜯고 생황저를 분다。

肆 베풀 사、筵 자리 연、設 베풀 설、席 자리 석、鼓 북 고、瑟 비파 슬、吹 불 취、笙 생황 생

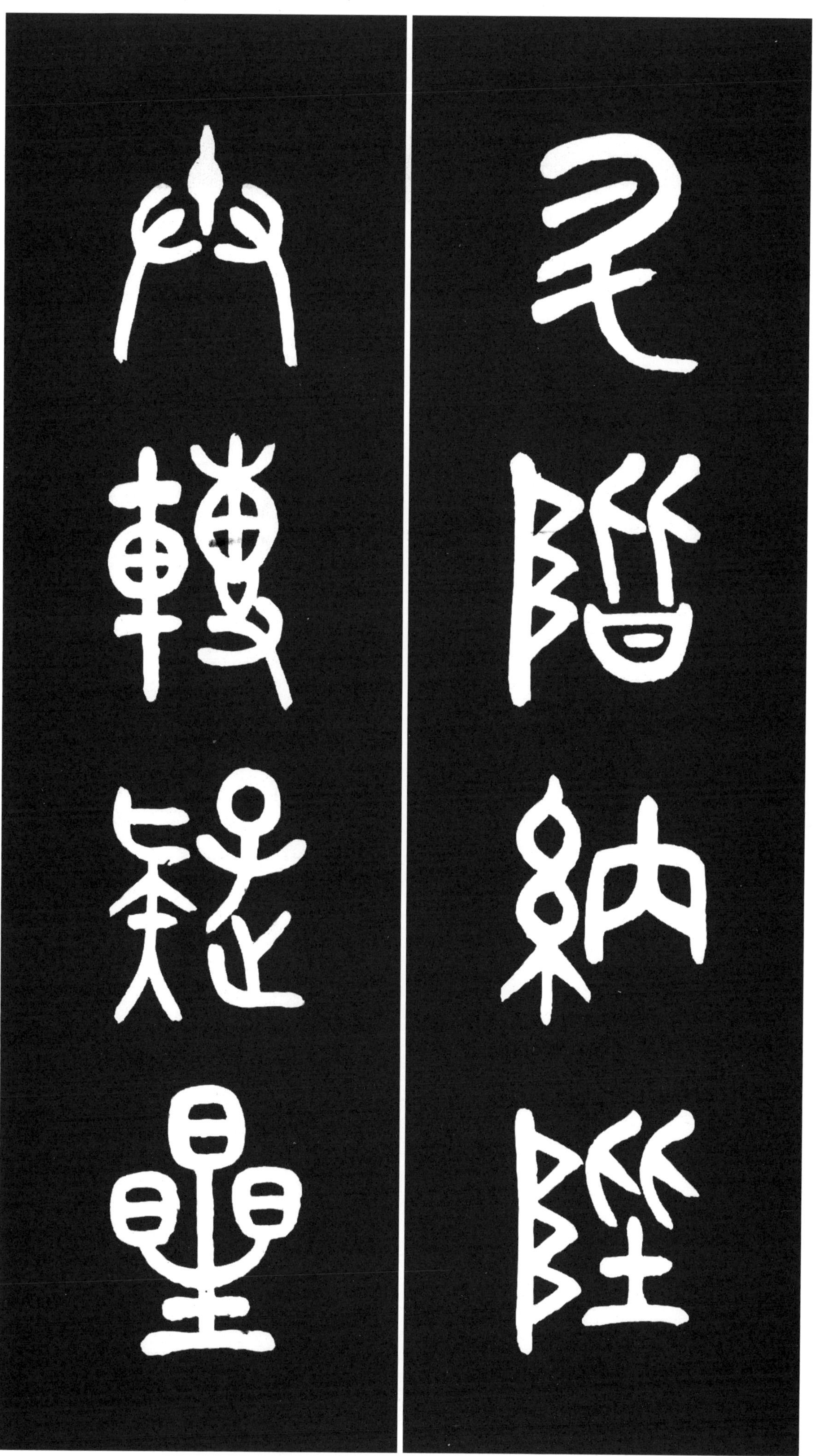

升(陞)階納陛 弁轉疑星 — 승계납폐 변전의성 — 섬돌을 밟으며 궁전에 들어가니, 관(冠)에 단 구슬들이 돌고 돌아 별이 아닌가 의심스럽다.

升(陞) 오를 승, 階 섬돌 계, 納 들일 납, 陛 뜰 폐, 弁 고깔 변, 轉 구를 전, 疑 의심할 의, 星 별 성

右通廣內 左達承明 — 우통광내 좌달승명 — 오른쪽으로는 광내전에 통하고, 왼쪽으로는 승명려에 다다른다.

右 오른 우、通 통할 통、廣 넓을 광、內 안 내、左 왼 좌、達 통달 달、承 이을 승、明 밝을 명

既集墳典 亦聚群英 ― 기집분전 역취군영 ― 이미 삼분(三墳)과 오전(五典) 같은 책들을 모으고, 뛰어난 뭇 영재들도 모았다.

既 이미 기, 集 모을 집, 墳 무덤 분, 典 법 전, 亦 또 역, 聚 모을 취, 群 무리 군, 英 꽃부리 영

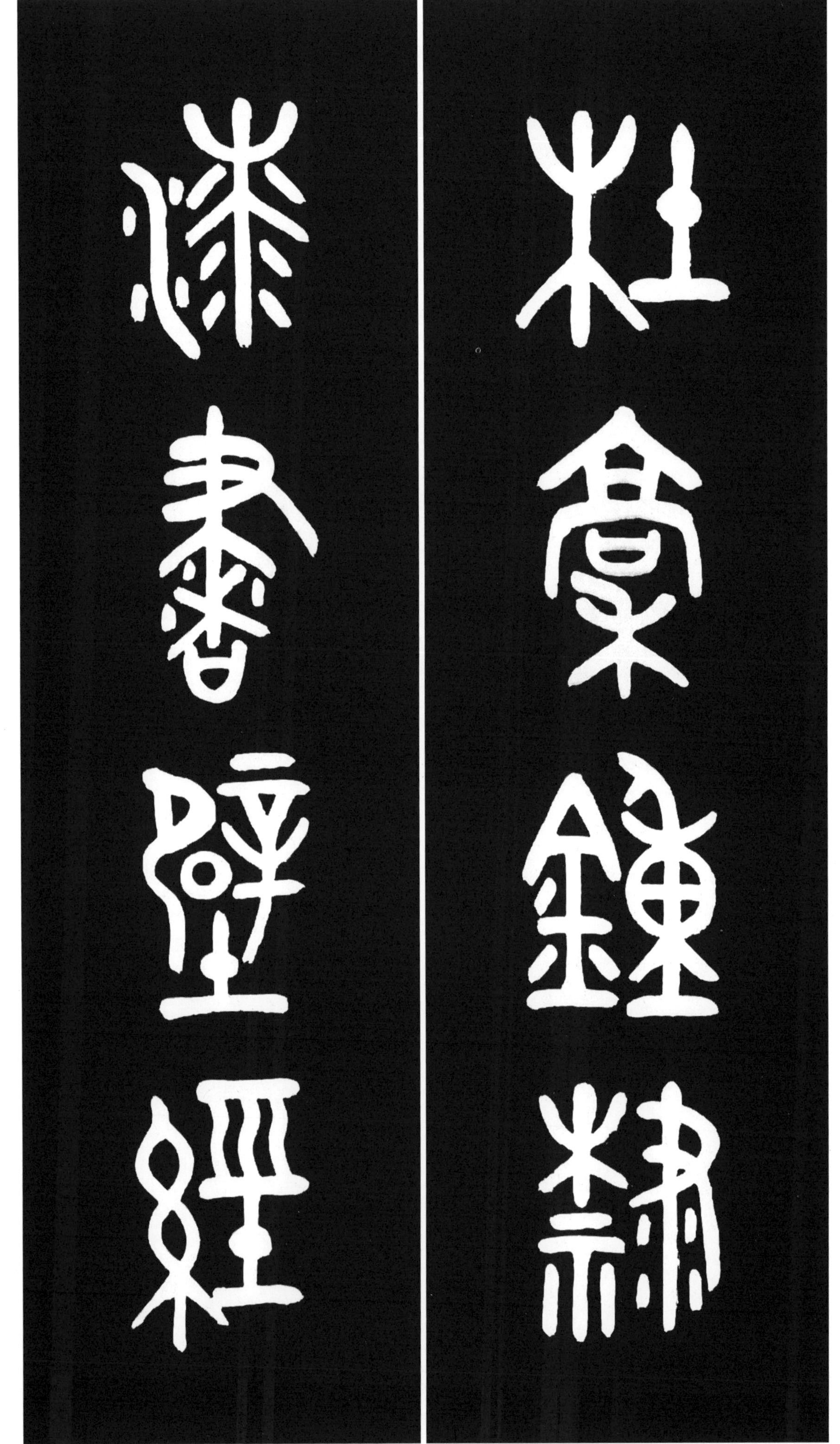

杜藁鍾隸 漆書壁經 ― 두고종예 칠서벽경 ― 글씨로는 두조(杜操)의 초서와 종요(鍾繇)의 예서가 있고, 글로는 과두(蝌蚪)의 글과 공자의 옛집 벽 속에서 나온 경서가 있다.

杜 막을 두, 藁 짚 고, 鍾 쇠북 종, 隸 글씨 례, 漆 옻 칠, 書 글 서, 壁 벽 벽, 經 글 경

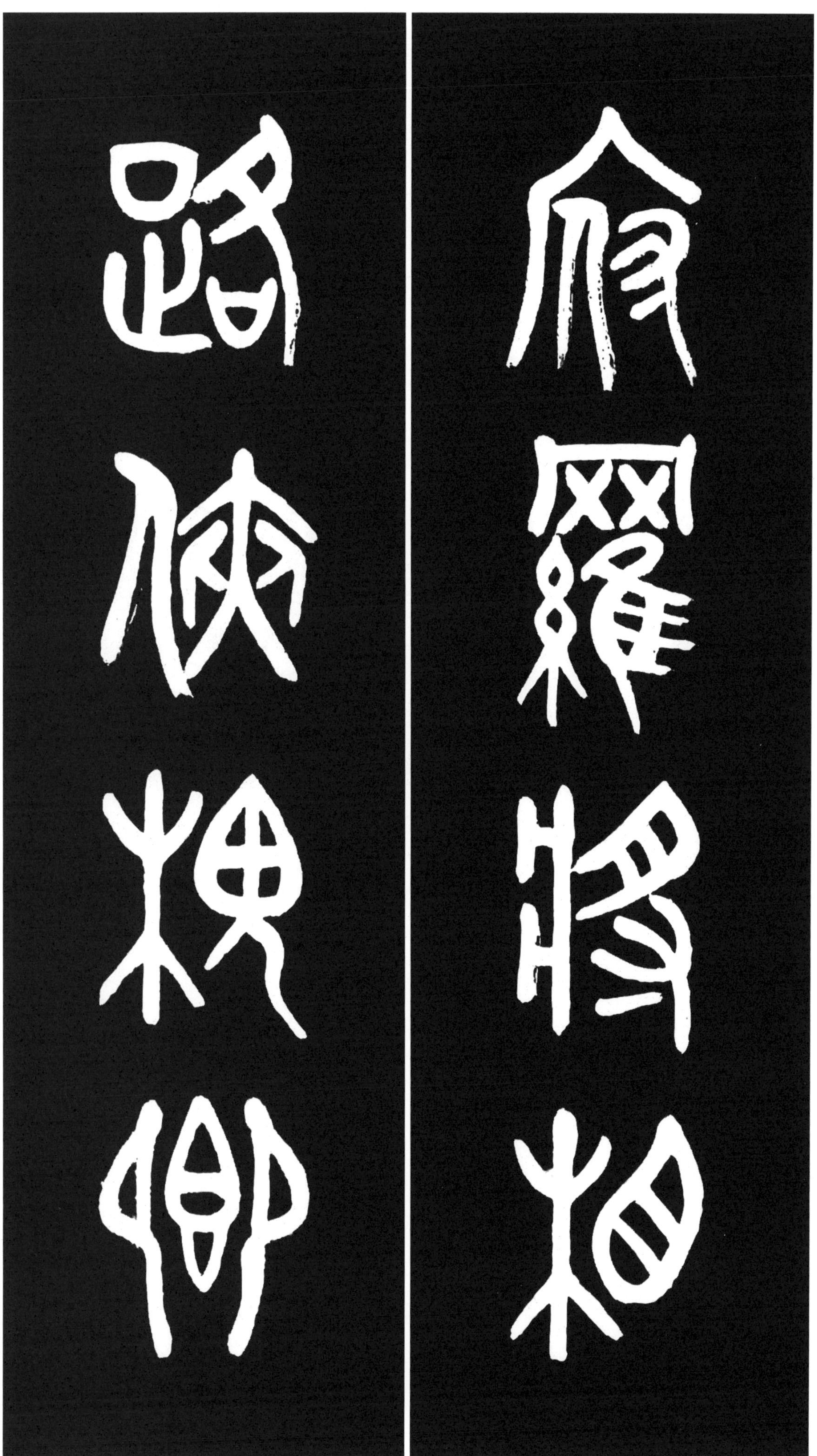

府羅將相 路俠槐卿 ㅡ 부라장상 로협괴경 ㅡ 관부에는 장수와 정승들이 벌려 있고, 길은 공경(公卿)의 집들을 끼고 있다.

府 마을 부, 羅 벌릴 라, 將 장수 장, 相 서로 상, 路 길 로, 俠 낄 협, 槐 회화나무 괴, 卿 벼슬 경

戶封八縣 家給千兵 ― 호봉팔현 가급천병 ― 귀척(貴戚)이나 공신에게 호(戶) 현(縣)을 봉하고, 그들의 집에는 많은 군사를 주었다.

戶 지게 호, 封 봉할 봉, 八 여덟 팔, 縣 고을 현, 家 집 가, 給 줄 급, 千 일천 천, 兵 군사 병

高冠陪輦 驅轂振纓 — 고관배련 구곡진영 — 높은 관(冠)을 쓰고 임금의 수레를 모시니、수레를 몰 때마다 관끈이 흔들린다。

高 높을 고、冠 갓 관、陪 모실 배、輦 수레 련、驅 몰 구、轂 바퀴통 곡、振 떨칠 진、纓 갓끈 영

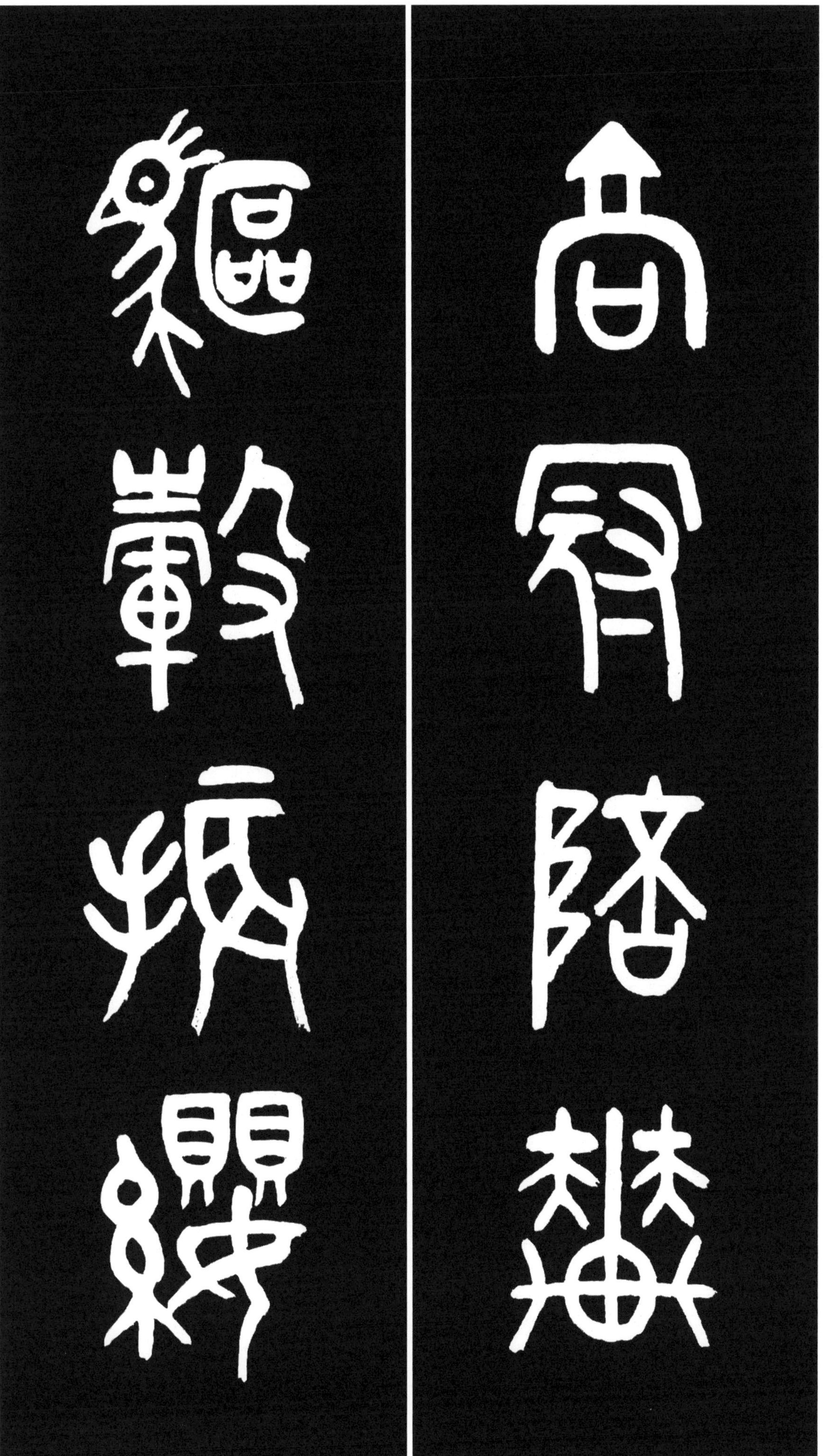

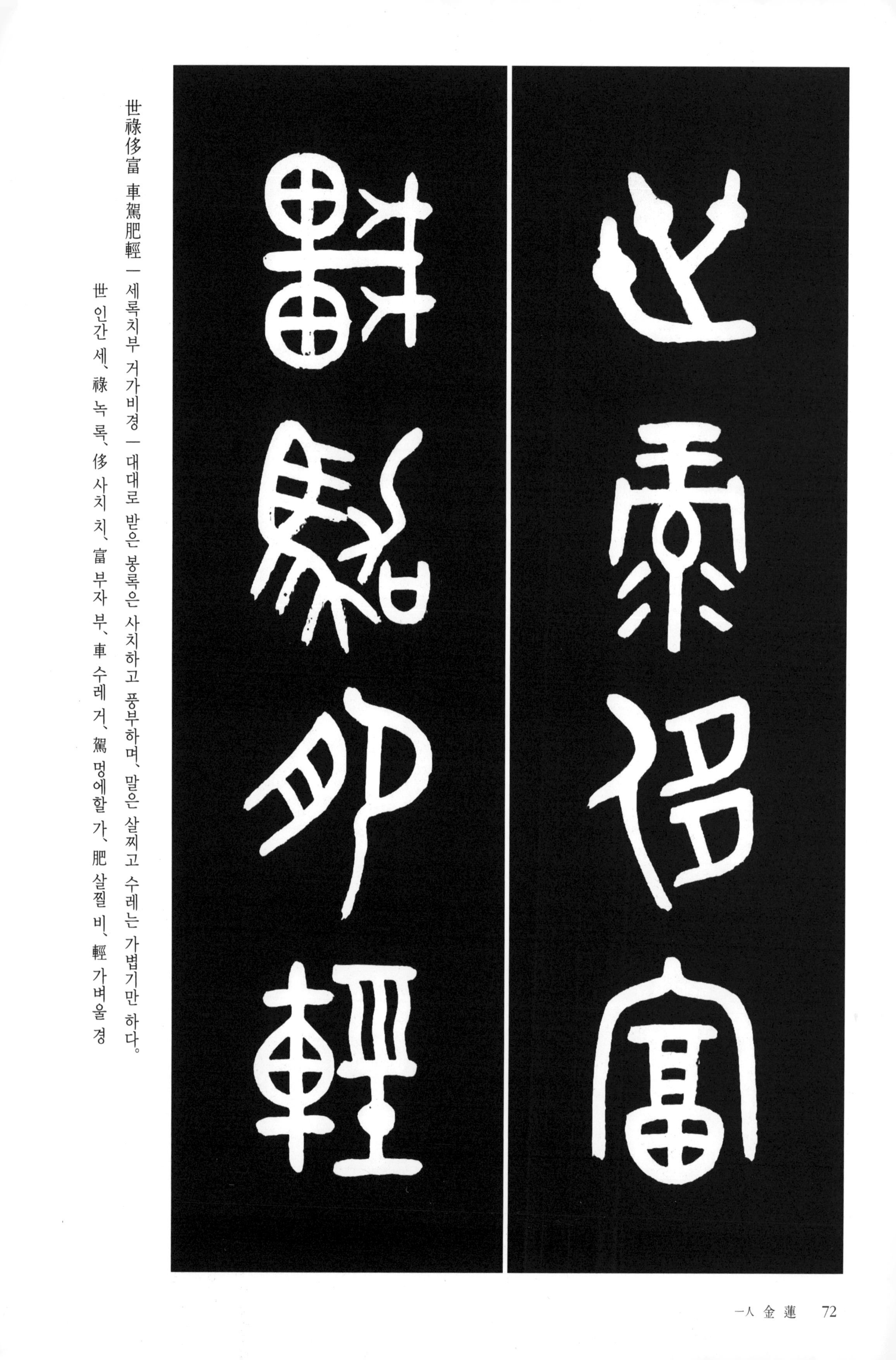

世祿侈富 車駕肥輕 ― 세록치부 거가비경 ― 대대로 받은 봉록은 사치하고 풍부하며, 말은 살찌고 수레는 가볍기만 하다.

世 인간 세, 祿 녹 록, 侈 사치 치, 富 부자 부, 車 수레 거, 駕 멍에할 가, 肥 살찔 비, 輕 가벼울 경

策功茂實 勒碑刻銘 ㅡ 책공무실 늑비각명 ㅡ 공신을 책록하여 실적을 힘쓰게 하고, 비명(碑銘)에 찬미하는 내용을 새긴다.

策 꾀 책, 功 공 공, 茂 성할 무, 實 열매 실, 勒 새길 륵, 碑 비석 비, 刻 새길 각, 銘 새길 명

磻溪伊尹 佐時阿衡 ― 반계이윤 좌시아형 ― 주문왕(周文王)은 반계에서 강태공을 얻고 은탕왕(殷湯王)은 신야(莘野)에서 이윤을 맞으니、그들은 때를 도와 재상 아형(阿衡)의 지위에 올랐다。

磻 돌 반、溪 시내 계、伊 저 이、尹 다스릴 윤、佐 도울 좌、時 때 시、阿 언덕 아、衡 저울대 형

奄宅曲阜 微亶(旦)孰營 — 엄택곡부 미단숙영 — 큰 집을 곡부(曲阜)에 정해주었으니, 단(亶·旦)이 아니면 누가 경영할 수 있었으랴.

奄 문득 엄, 宅 집 택, 曲 굽을 곡, 阜 언덕 부, 微 작을 미, 亶(旦) 아침 단, 孰 누구 숙, 營 경영할 영

桓公匡合 濟弱扶傾 — 환공광합 제약부경 — 제나라 환공은 천하를 바로잡아 제후를 모으고, 약한 자를 구하고 기우는 나라를 붙들어 일으켰다。

桓 굳셀 환、公 공변될 공、匡 바를 광、合 합할 합、濟 건널 제、弱 약할 약、扶 붙들 부、傾 기울어질 경

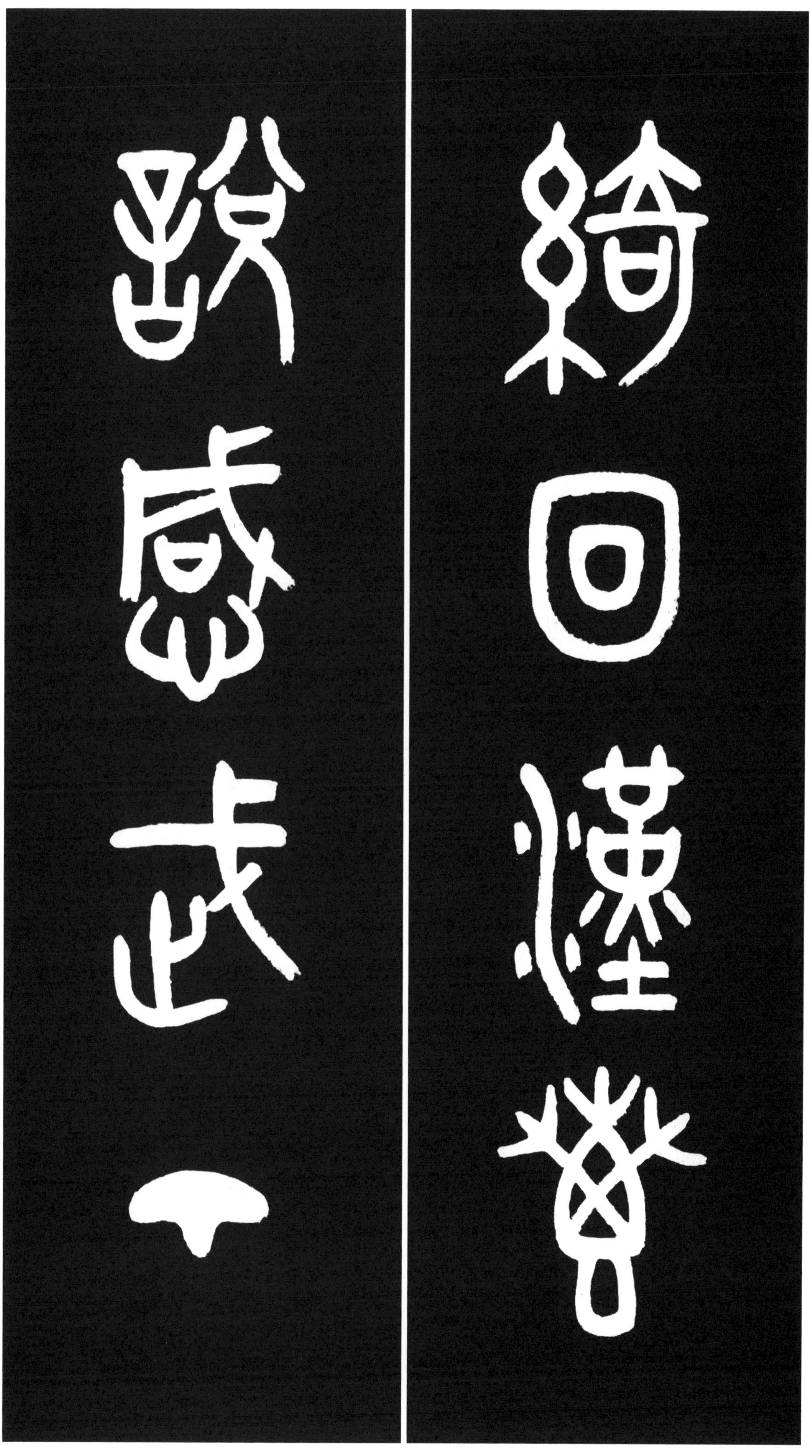

綺回漢惠 說感武丁 ㅡ 기회한혜 열감무정 ㅡ 기리계(綺理季) 등은 한나라 혜제(惠帝)의 태자 자리를 회복하고, 부열(傅說)은 무정(武丁)의 꿈에 나타나 그를 감동시켰다.

綺 비단 기, 回 돌아올 회, 漢 한수 한, 惠 은혜 혜, 說 기꺼울 열(말씀 설), 感 느낄 감, 武 호반 무, 丁 장정 정

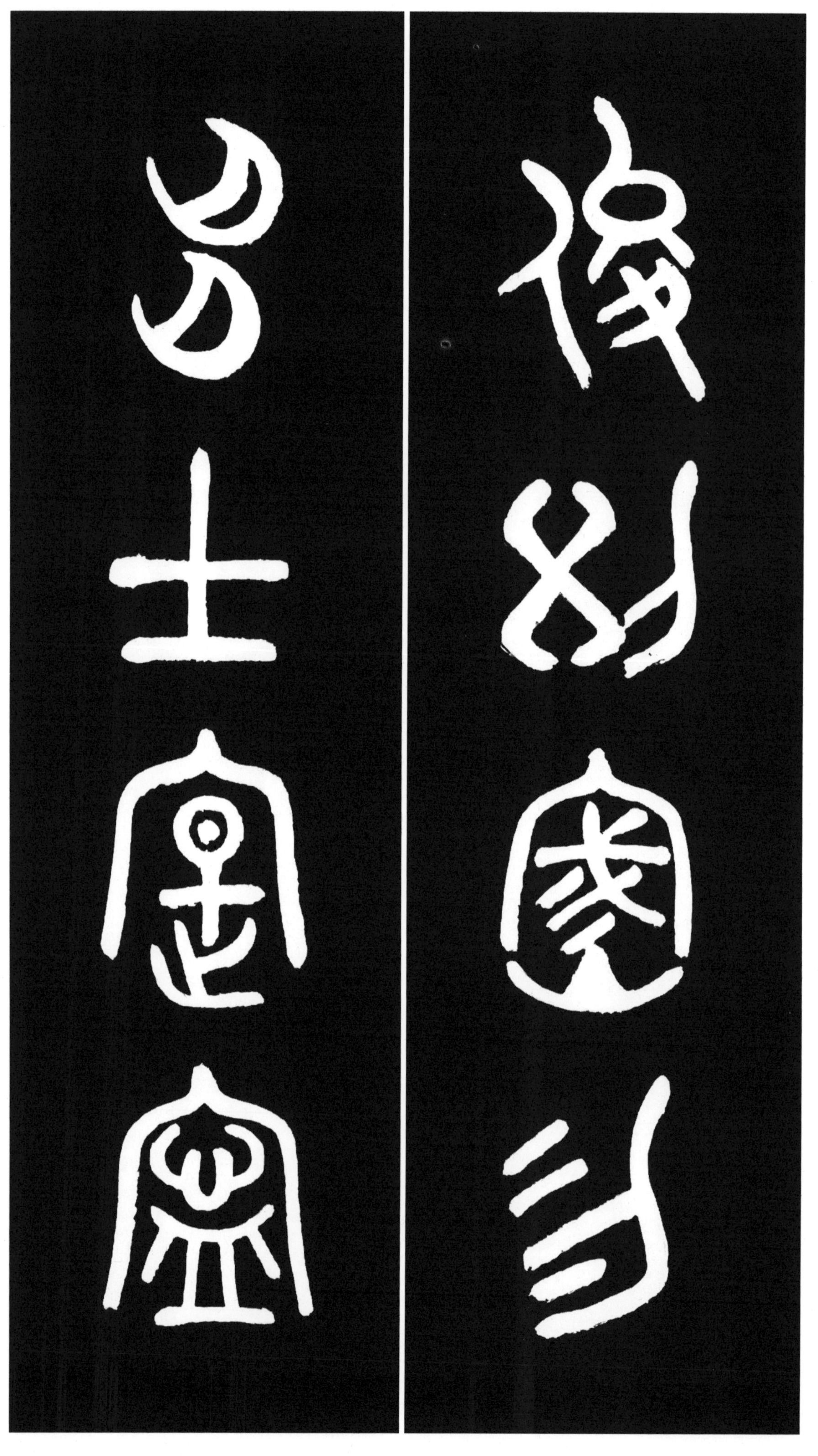

俊乂密勿 多士寔寧 — 준예밀물 다사식녕 — 재주와 덕을 지닌 이들이 부지런히 힘쓰고, 많은 인재들이 있어 나라는 실로 편안했다.

俊 준걸 준, 乂 어질 예, 密 빽빽할 밀, 勿 말 물, 多 많을 다, 士 선비 사, 寔 이 식(진실로 식), 寧 편안할 녕

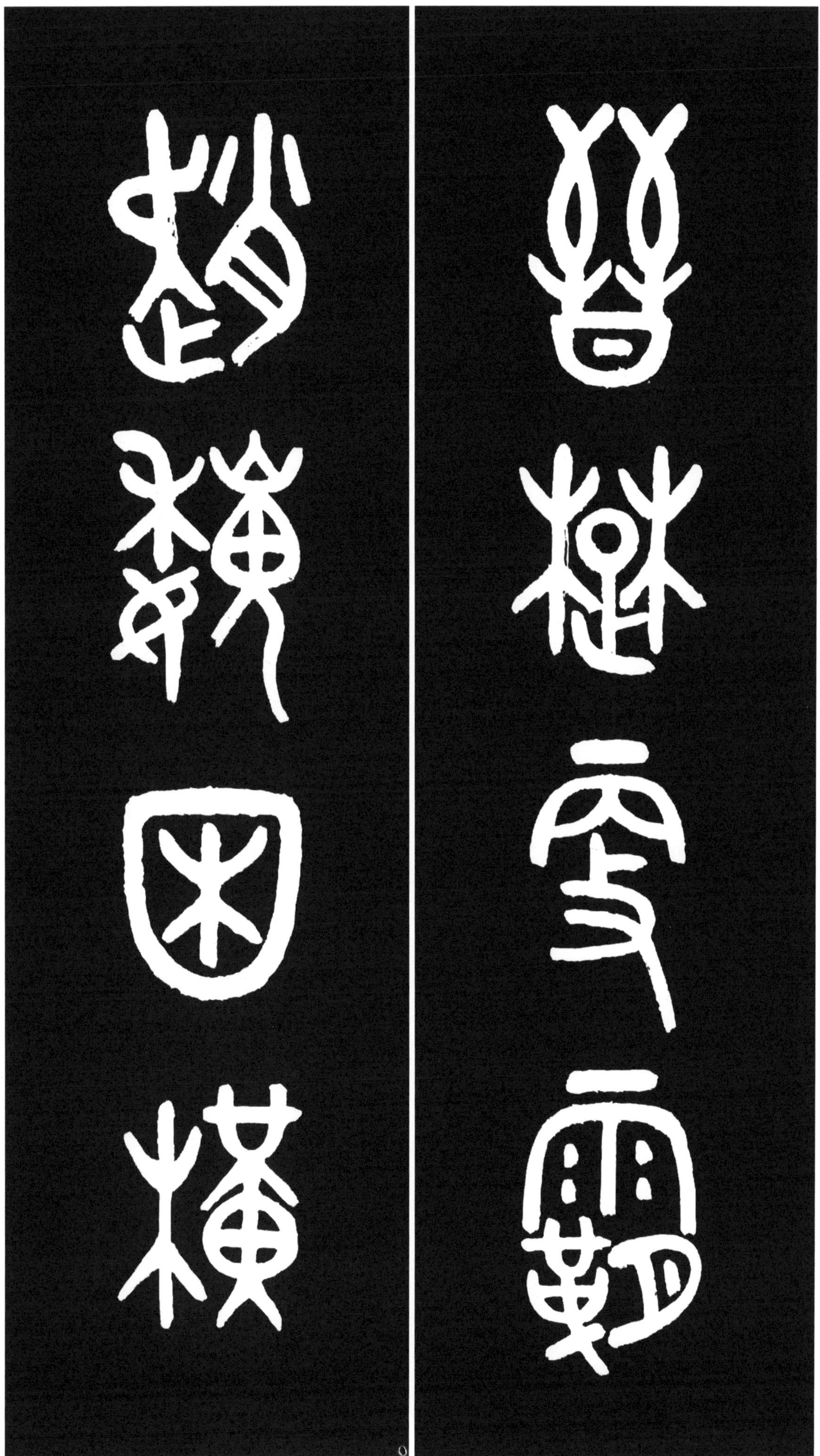

晉楚更霸 趙魏困橫 — 진초경패 조위곤횡 — 진문공(晉文公)과 초장왕(楚莊王)은 번갈아 패권을 잡았고, 조(趙)나라와 위(魏)나라는 연횡책(連橫策) 때문에 곤란을 겪었다.

晉 나라 진, 楚 나라 초, 更 번가를 경, 霸 으뜸 패, 趙 나라 조, 魏 나라 위, 困 곤한 곤, 橫 비낄 횡

假途滅虢 踐土會盟 ㅡ 가도멸괵 천토회맹 ㅡ 진헌공(晉獻公)은 길을 빌려 괵(虢)나라를 멸했고, 진문공(晉文公)은 제후를 천토(踐土)에 모아 맹세하게 했다.

假 빌릴 가, 途 길 도, 滅 멸할 멸, 虢 나라 괵, 踐 밟을 천, 土 흙 토, 會 모을 회, 盟 맹세 맹

何遵約法 韓弊煩刑 ― 하준약법 한폐번형 ― 소하(蕭何)는 약법 세 조항을 지켰고, 한비(韓非)는 번거로운 형법으로 폐해를 가져왔다.

何 어찌 하, 遵 좇을 준, 約 요약할 약, 法 법 법, 韓 나라 한, 弊 해질 폐, 煩 번거로울 번, 刑 형벌 형

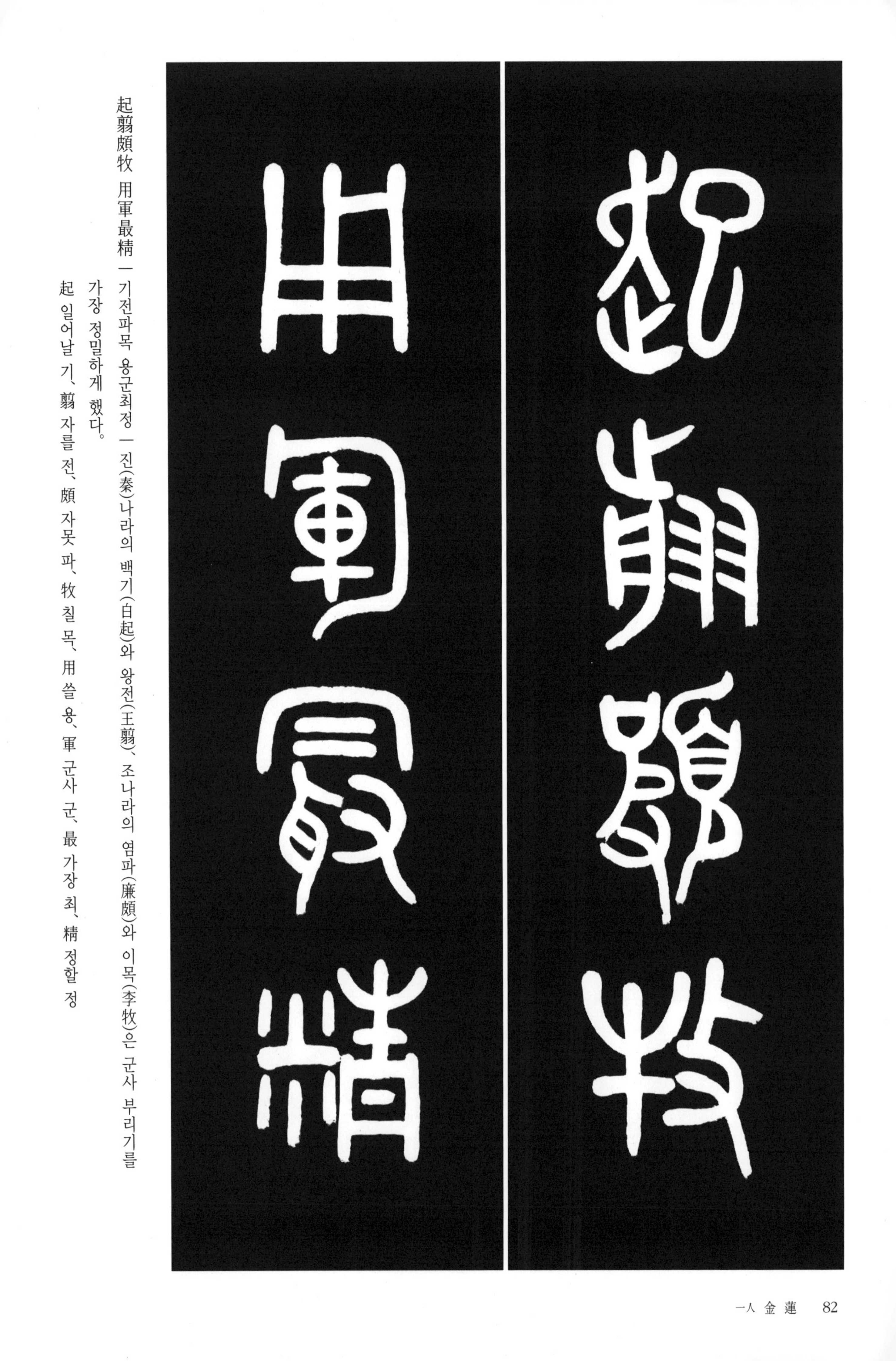

起翦頗牧 用軍最精 ― 기전파목 용군최정 ― 진(秦)나라의 백기(白起)와 왕전(王翦)、조나라의 염파(廉頗)와 이목(李牧)은 군사 부리기를 가장 정밀하게 했다。

起 일어날 기、翦 자를 전、頗 자못 파、牧 칠 목、用 쓸 용、軍 군사 군、最 가장 최、精 정할 정

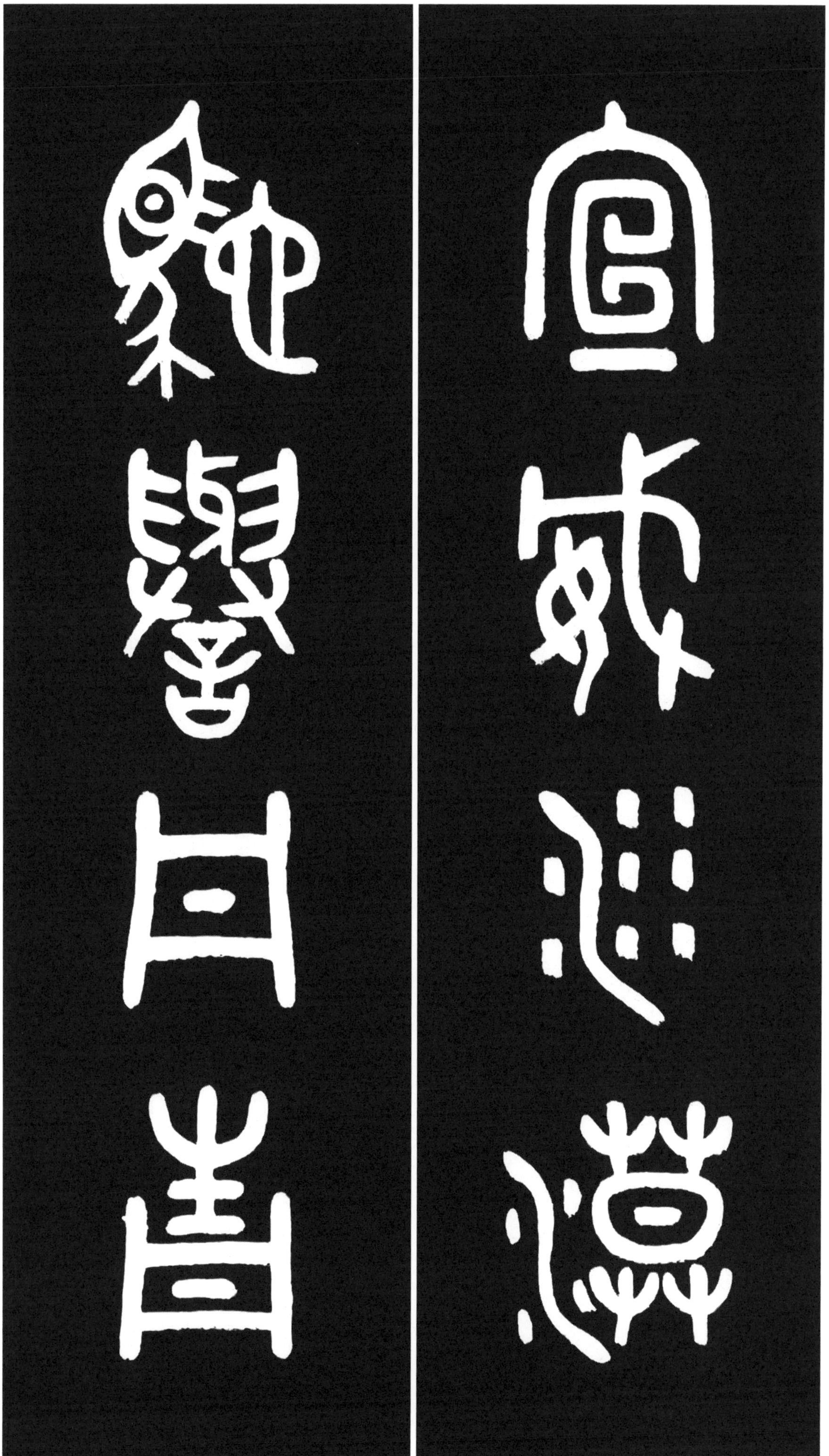

宣威沙漠 馳譽丹靑 ― 선위사막 치예단청 ― 위엄을 사막에까지 펼치니、그 명예를 채색으로 그려서 전했다。

宣 베풀 선、威 위엄 위、沙 모래 사、漠 아득할 막、馳 달릴 치、譽 기릴 예、丹 붉을 단、靑 푸를 청

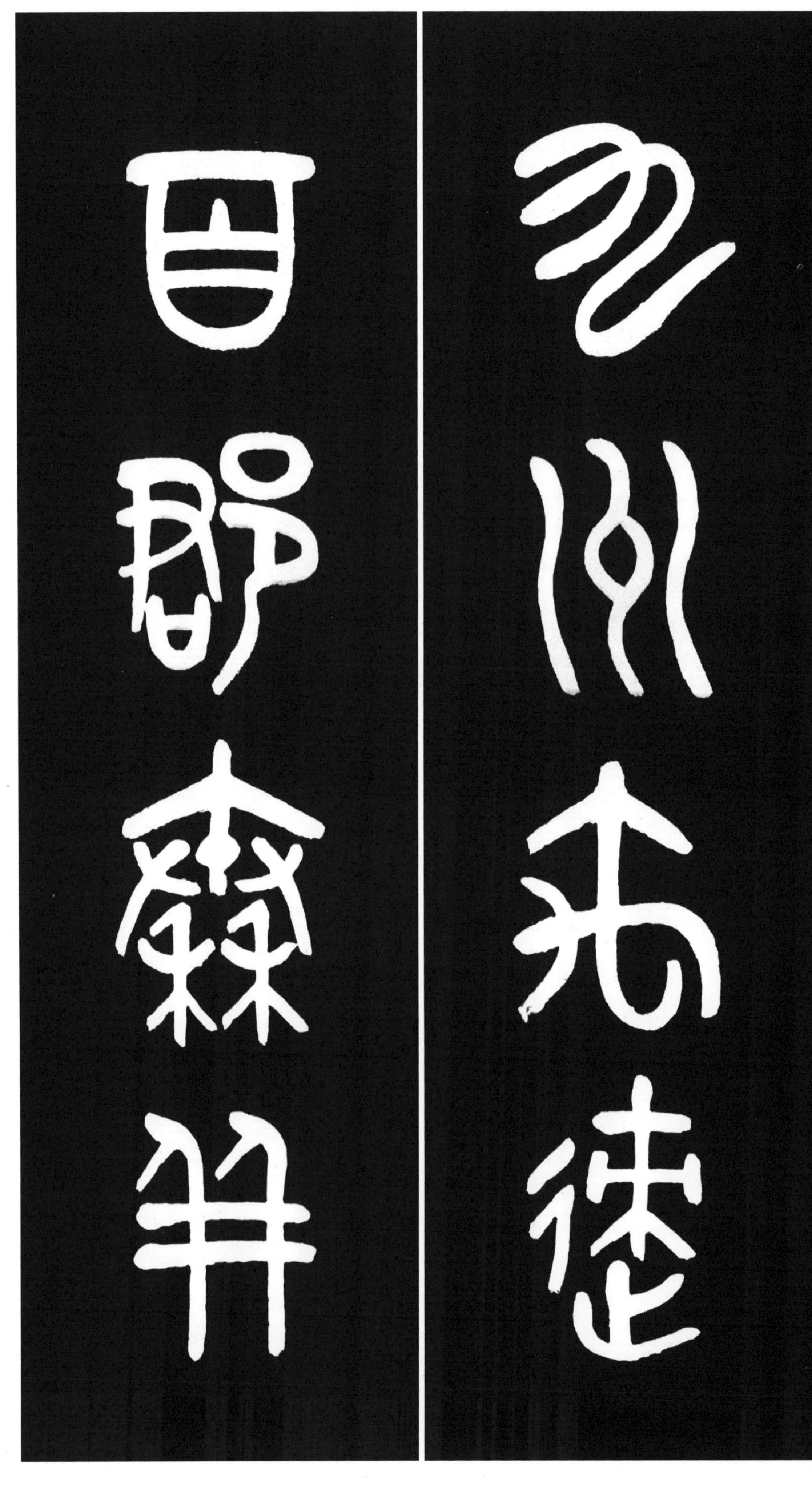

九州禹跡 百郡秦并 ― 구주우적 백군진병 ― 구주(九州)는 우임금의 공적의 자취요, 모든 고을은 진나라 시황이 아우른 것이다。

九 아홉 구、州 고을 주、禹 임금 우、跡 자취 적、百 일백 백、郡 고을 군、秦 나라 진、并 아우를 병

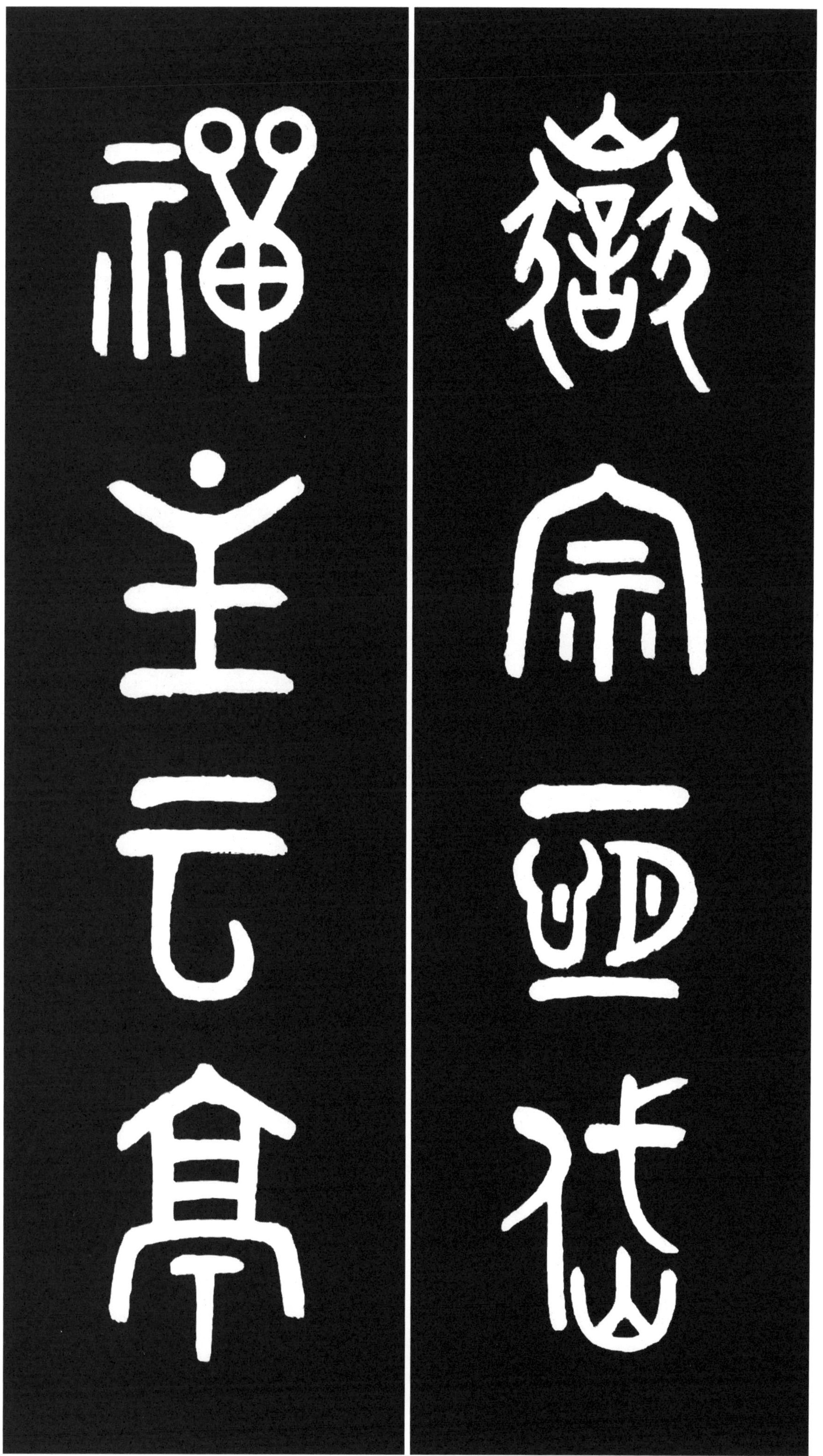

嶽宗恒岱 禪主云亭 ― 악종항대 선주운정 ― 오악(五嶽) 중에는 항산(恒山)과 태산(泰山)이 으뜸이고, 봉선(封禪) 제사는 운운산(云云山)과 정정산(亭亭山)에서 주로 하였다.

嶽 큰산 악, 宗 마루 종, 恒 항상 항, 岱 대산 대, 禪 터닦을 선, 主 임금 주, 云 이를 운, 亭 정자 정

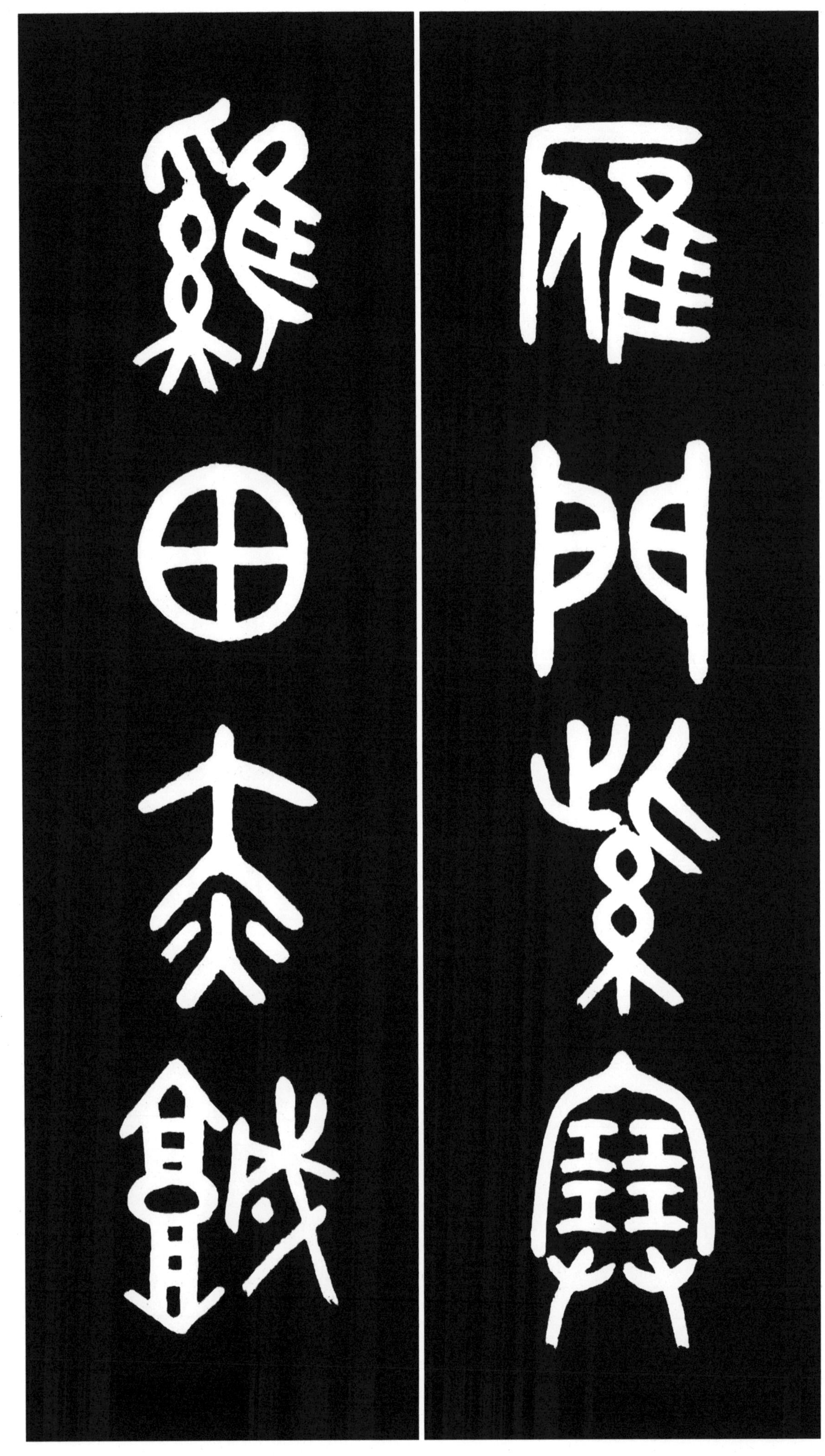

雁門紫塞 鷄田赤城ㅡ안문자새 계전적성ㅡ안문과 자새, 계전과 적성,

雁 기러기 안, 門 문 문, 紫 붉을 자, 塞 변방 새(막힐 색), 鷄 닭 계, 田 밭 전, 赤 붉을 적, 城 재 성

昆池碣石 鉅野洞庭 — 곤지갈석 거야동정 — 곤지와 갈석, 거야와 동정은,

昆 맏 곤, 池 못 지, 碣 돌 갈, 石 돌 석, 鉅 톱 거, 野 들 야, 洞 골 동, 庭 뜰 정

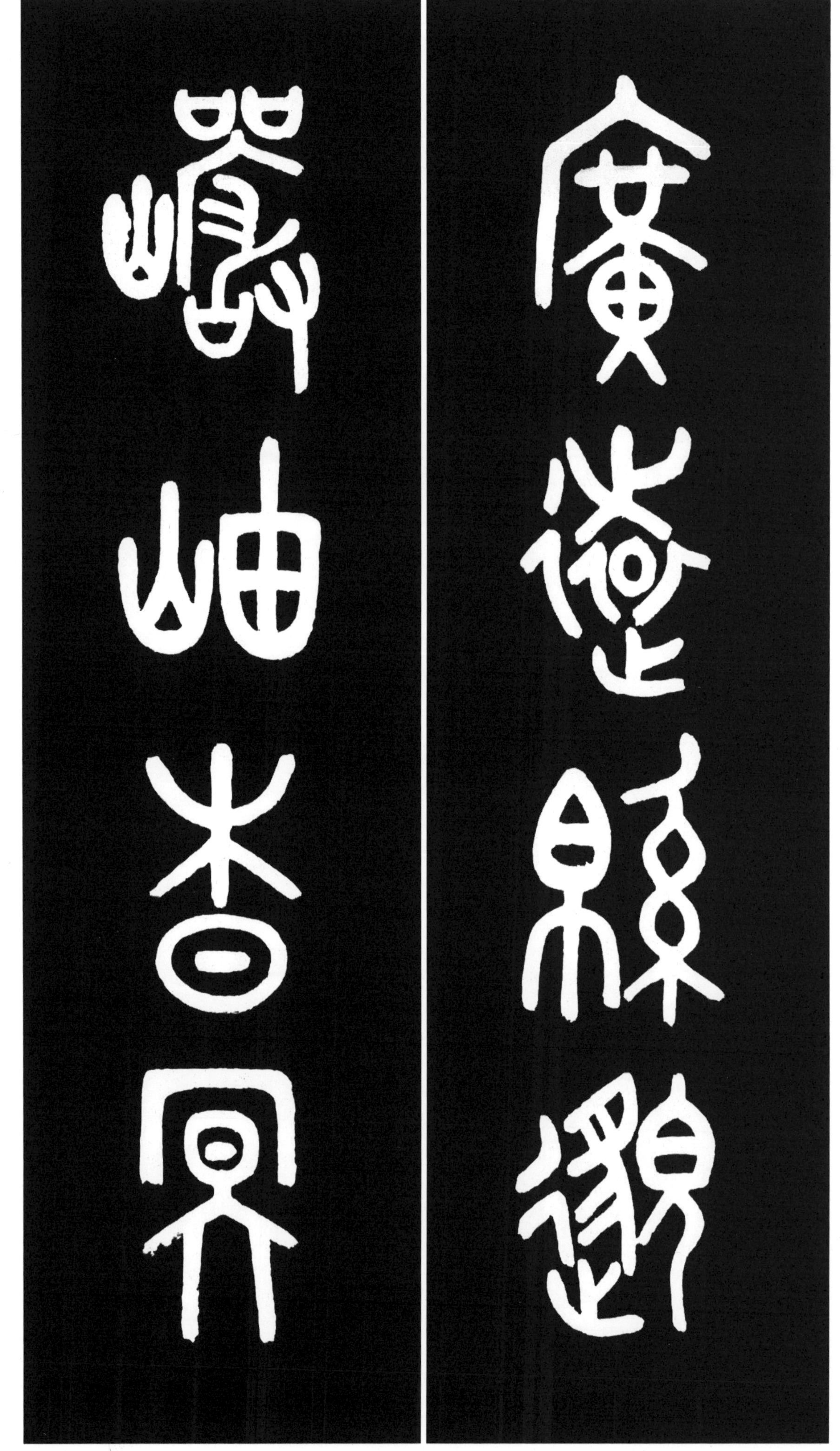

廣(曠)遠緜(綿)邈 巖岫杳冥 — 광원면막 암수묘명 — 너무나 멀어 끝없이 아득하고, 바위와 산은 그윽하여 깊고 어두워 보인다.

廣(曠) 빌 광, 遠 멀 원, 緜(綿) 솜 면, 邈 멀 막, 巖 바위 암, 岫 멧부리 수, 杳 아득할 묘, 冥 어두울 명

治本於農 務茲稼穡 — 치본어농 무자가색 — 다스림은 농업을 근본으로 삼아、심고 거두기를 힘쓰게 하였다。

治 다스릴 치、本 근본 본、於 어조사 어、農 농사 농、務 힘쓸 무、茲 이 자、稼 심을 가、穡 거둘 색

俶載南畝 我藝黍稷 — 숙재남묘 아예서직 — 봄이 되면 남쪽 이랑에서 일을 시작하니、우리는 기장과 피를 심으리라。

俶 비로소 숙、載 실을 재、南 남녘 남、畝 이랑 묘、我 나 아、藝 심을 예、黍 기장 서、稷 피 직

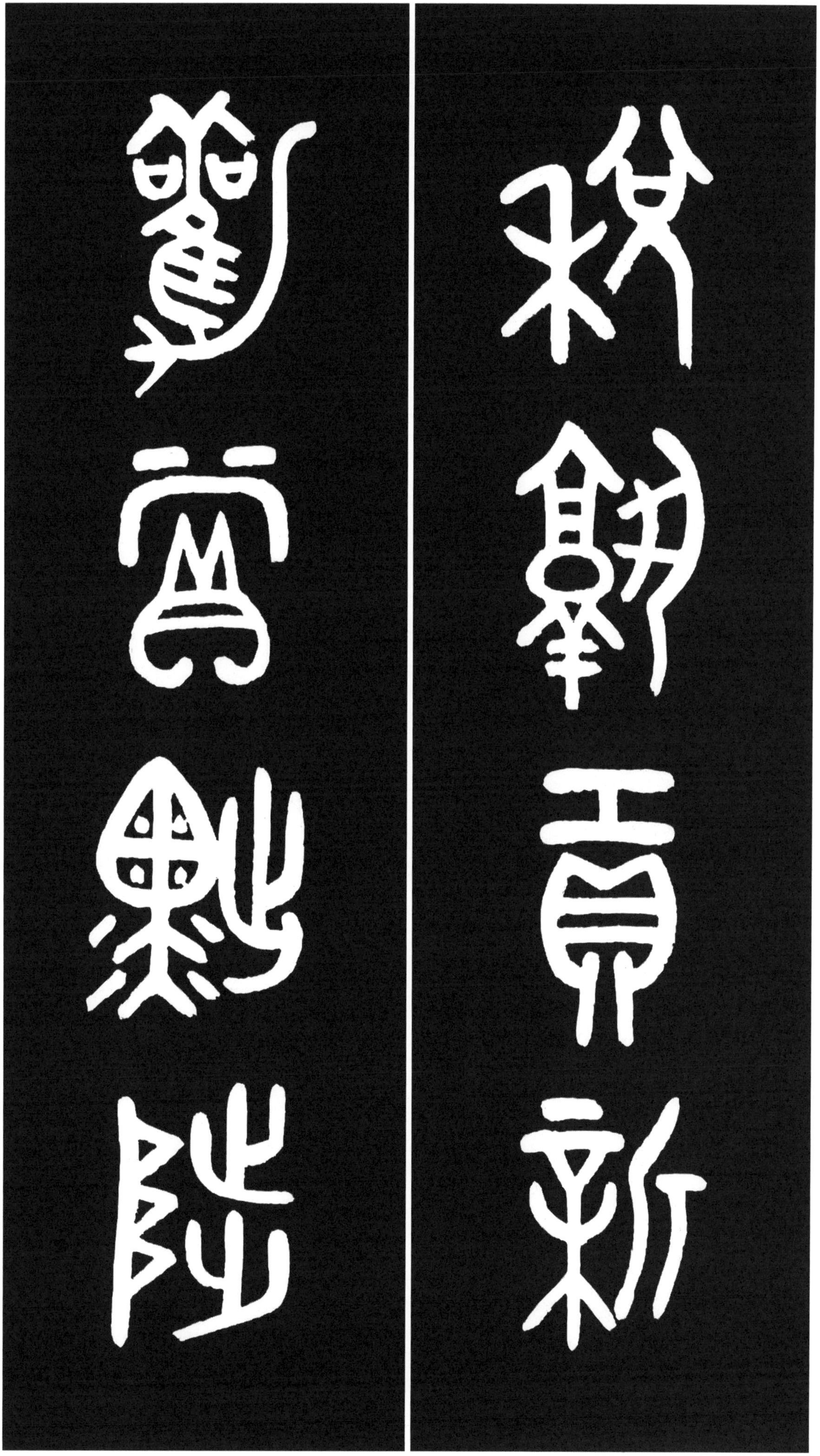

稅孰(熟)貢新 勸賞黜陟 — 세숙공신 권상출척 — 익은 곡식으로 세금을 내고 새 곡식으로 종묘에 제사하니, 권면하고 상을 주되 무능한 사람은 내치고 유능한 사람은 등용한다。

稅 구실 세、孰(熟) 익을 숙、貢 바칠 공、新 새로울 신、勸 권할 권、賞 상줄 상、黜 내칠 출、陟 오를 척

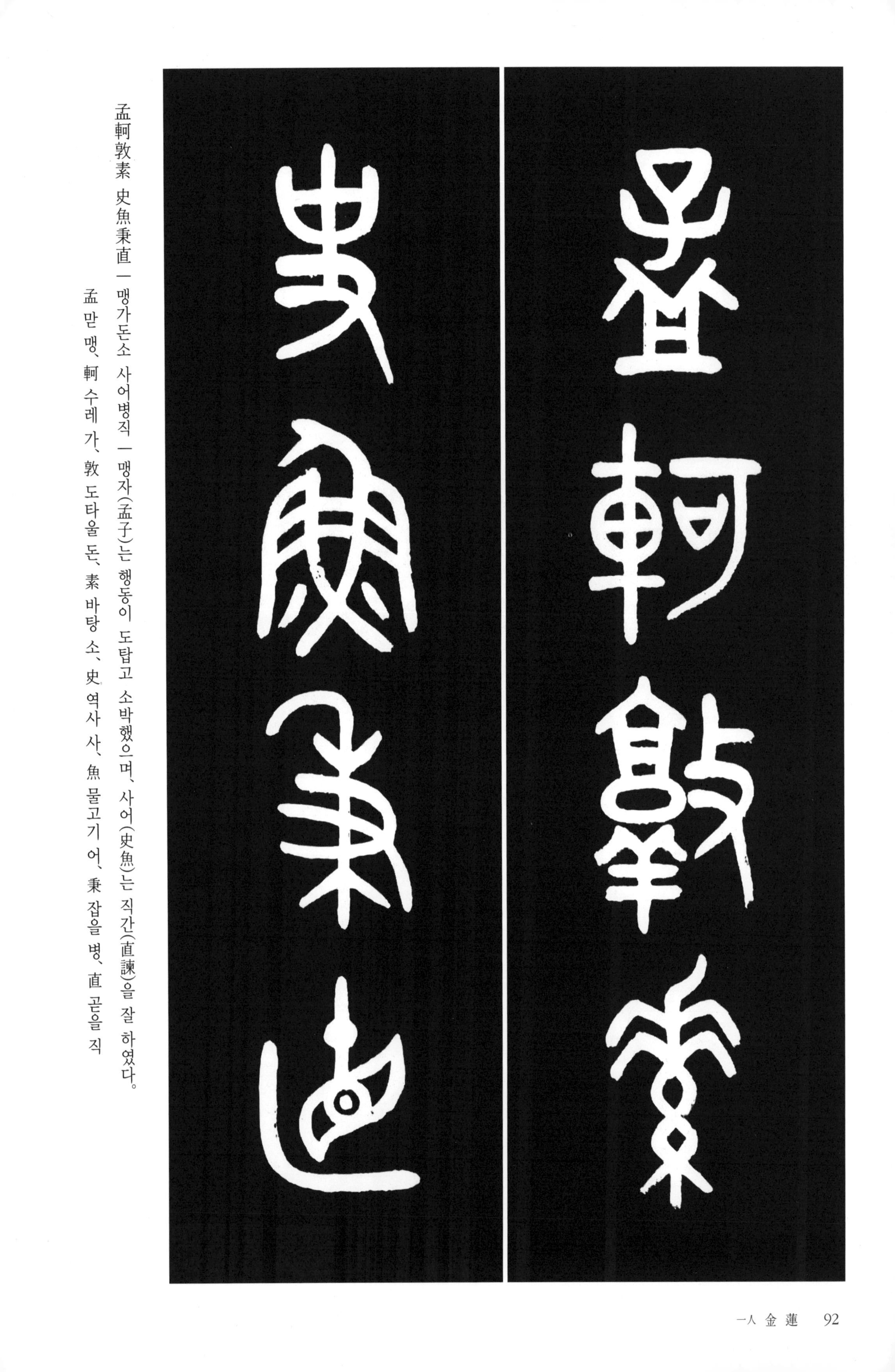

孟軻敦素 史魚秉直 ㅡ 맹가돈소 사어병직 ㅡ 맹자(孟子)는 행동이 도탑고 소박했으며, 사어(史魚)는 직간(直諫)을 잘 하였다.

孟 맏 맹, 軻 수레 가, 敦 도타울 돈, 素 바탕 소, 史 역사 사, 魚 물고기 어, 秉 잡을 병, 直 곧을 직

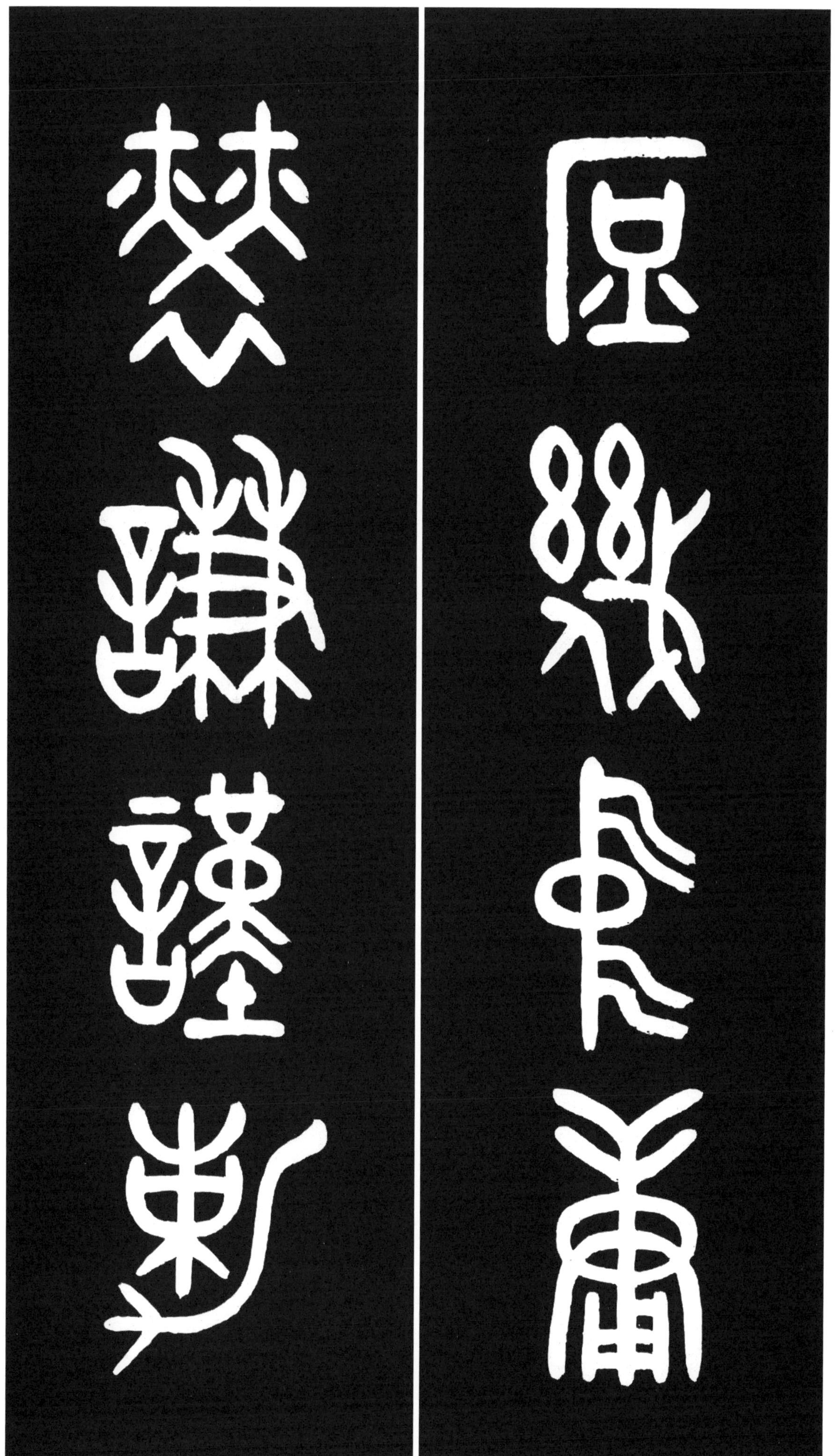

庶幾中庸 勞謙謹勅 — 서기중용 노겸근칙 — 중용에 가까우려면, 근로하고 겸손하고 삼가고 신칙해야 한다。

庶 거의 서、幾 거의 기、中 가운데 중、庸 떳떳할 용、勞 수고로울 로、謙 겸손할 겸、謹 삼갈 근、勅 경계할 칙

聆音察理 鑑貌辨色 ― 영음찰리 감모변색 ― 소리를 들어 이치를 살피며, 모습을 거울삼아 낯빛을 분별한다。

聆 들을 령, 音 소리 음, 察 살필 찰, 理 다스릴 리, 鑑 거울 감, 貌 모양 모, 辨 분변할 변, 色 빛 색

貽厥嘉猷 勉其祗植 ― 이궐가유 면기지식 ― 훌륭한 계획을 후손에게 남기고, 공경히 선조들의 계획을 심기에 힘써라。

貽 줄 이、厥 그 궐、嘉 아름다울 가、猷 꾀 유、勉 힘쓸 면、其 그 기、祗 공경 지、植 심을 식

省躬譏誡 寵增抗極 — 성궁기계 총증항극 — 자기 몸을 살피고 남의 비방을 경계하며, 은총이 날로 더하면 항거심(抗拒心)이 극에 달함을 알라。

省 살필 성、躬 몸 궁、譏 나무랄 기、誡 경계할 계、寵 고일 총、增 더할 증、抗 겨룰 항、極 다할 극

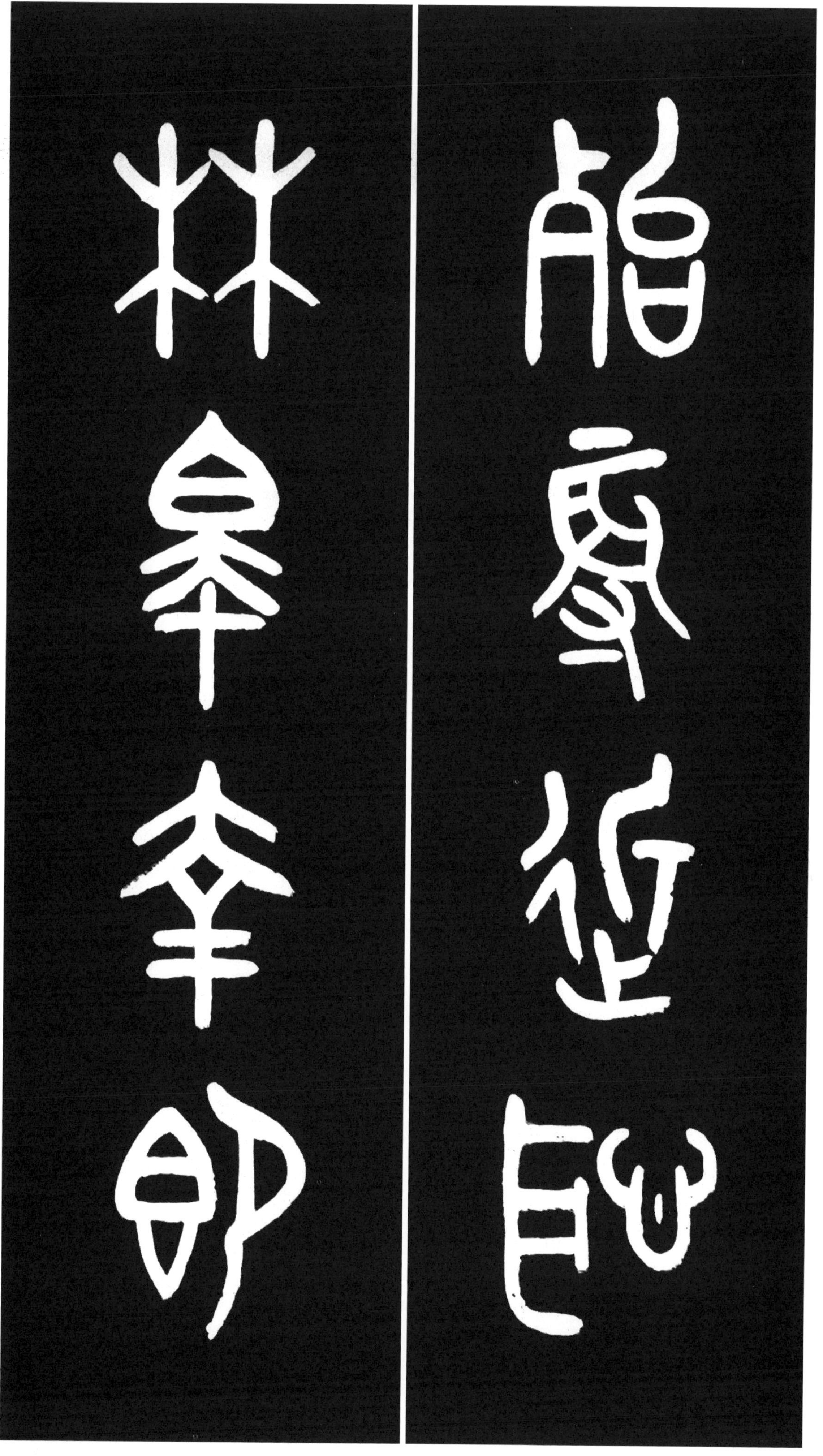

殆辱近恥 林皋(皐)幸卽 ― 태욕근치 임고행즉 ― 위태로움과 욕됨은 부끄러움에 가까우니, 숲이 있는 물가로 가서 한거(閑居)하는 것이 좋다.

殆 위태할 태, 辱 욕될 욕, 近 가까울 근, 恥 부끄러울 치, 林 수풀 림, 皋(皐) 언덕 고, 幸 갈 행, 卽 곧 즉

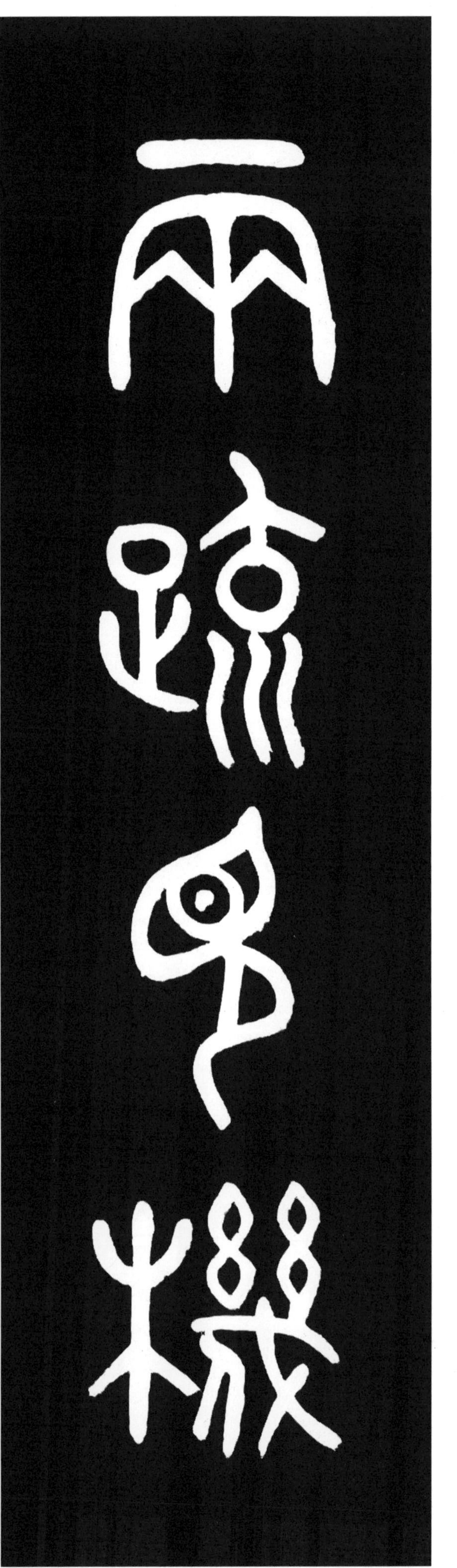

兩疏見機 解組誰逼 ― 양소견기 해조수핍 ― 한대(漢代)의 소광(疏廣)과 소수(疏受)는 기회를 보아 인끈을 풀어놓고 가버렸으니, 누가 그 행동을 막을 수 있으리오。

兩 두 량、疏 성글 소、見 볼 견、機 틀 기、解 풀 해、組 끈 조、誰 누구 수、逼 핍박할 핍

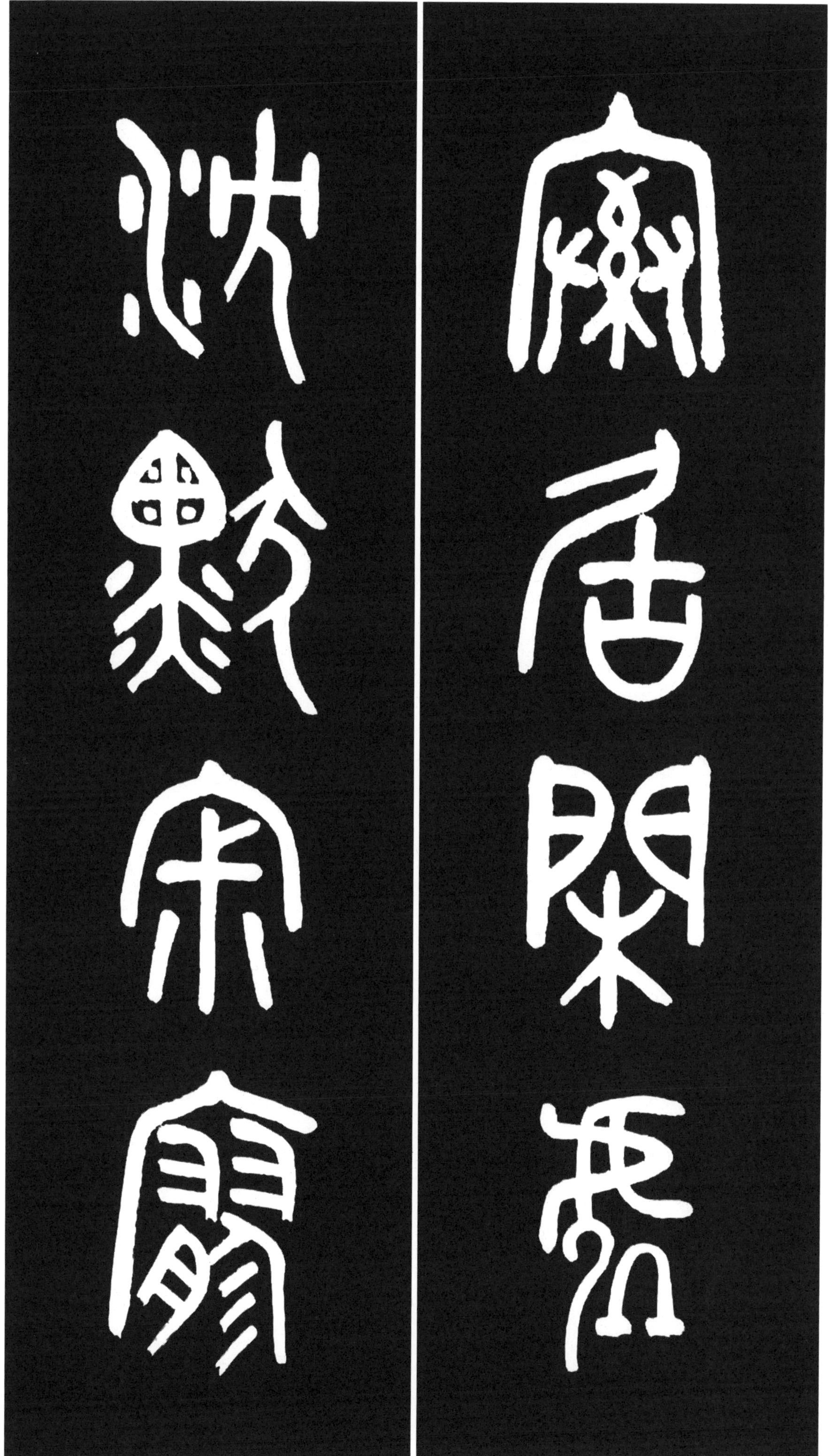

索居閑處 沈默寂寥 ― 색거한처 침묵적료 ― 한적한 곳을 찾아 사니, 말 한 마디도 없이 고요하기만 하다。

索 찾을 색、居 살 거、閑 한가할 한、處 곳 처、沈 잠길 침、默 잠잠할 묵、寂 고요할 적、寥 고요할 료

求古尋論 散慮逍遙 — 구고심론 산려소요 — 옛 사람의 글을 구하고 도(道)를 찾으며, 모든 생각을 흩어버리고 평화로이 노닌다。

求 구할 구、古 예 고、尋 찾을 심、論 의논할 론、散 흩을 산、慮 생각 려、逍 노닐 소、遙 노닐 요

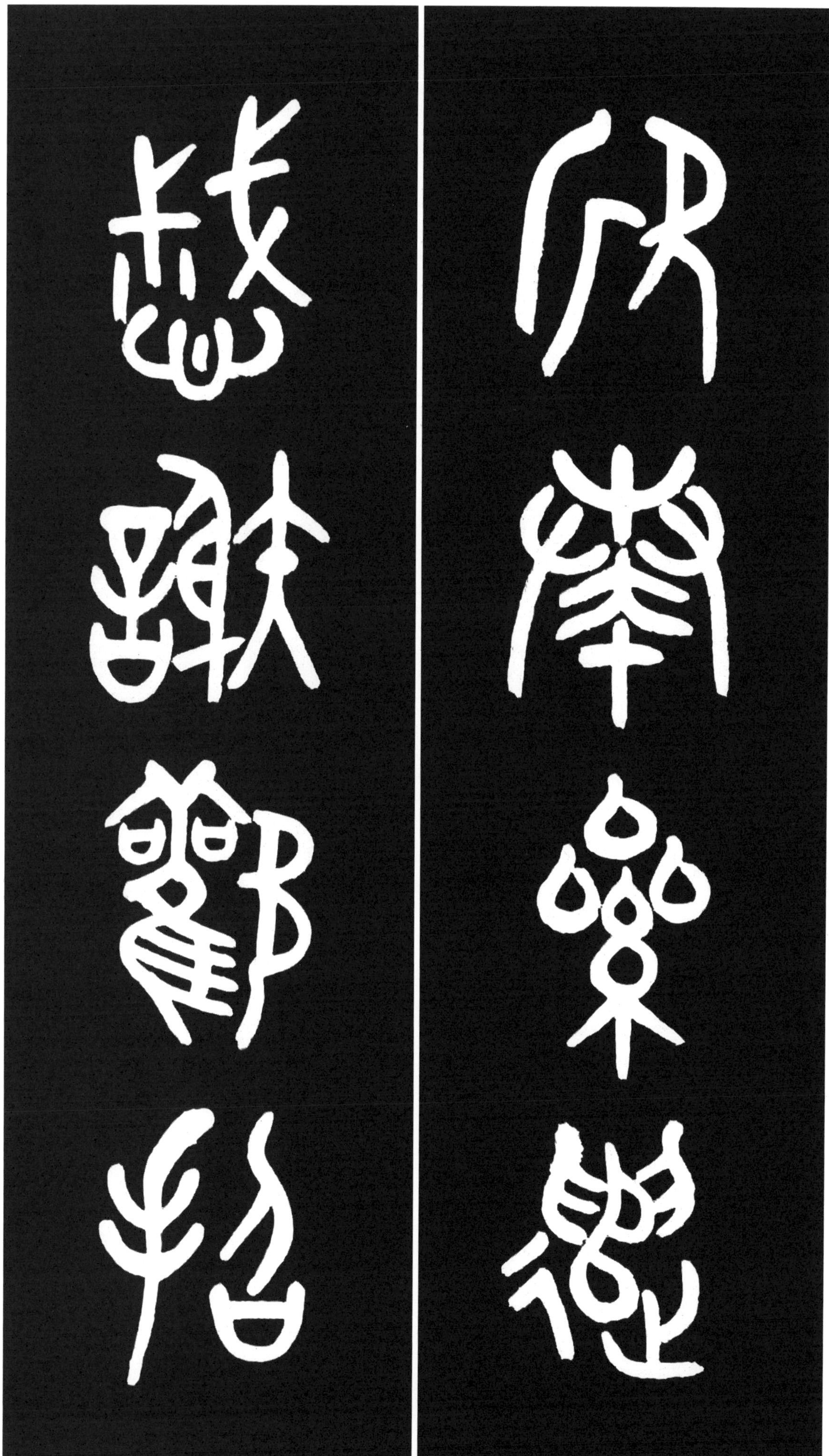

欣奏累遣 慼謝歡招 ― 흔주루견 척사환초 ― 기쁨은 모여들고 번거로움은 사라지니, 슬픔은 물러가고 즐거움이 온다。

欣 기쁠 흔、奏 아뢸 주、累 누끼칠 루、遣 보낼 견、慼 슬플 척、謝 물러갈 사、歡 기쁠 환、招 부를 초

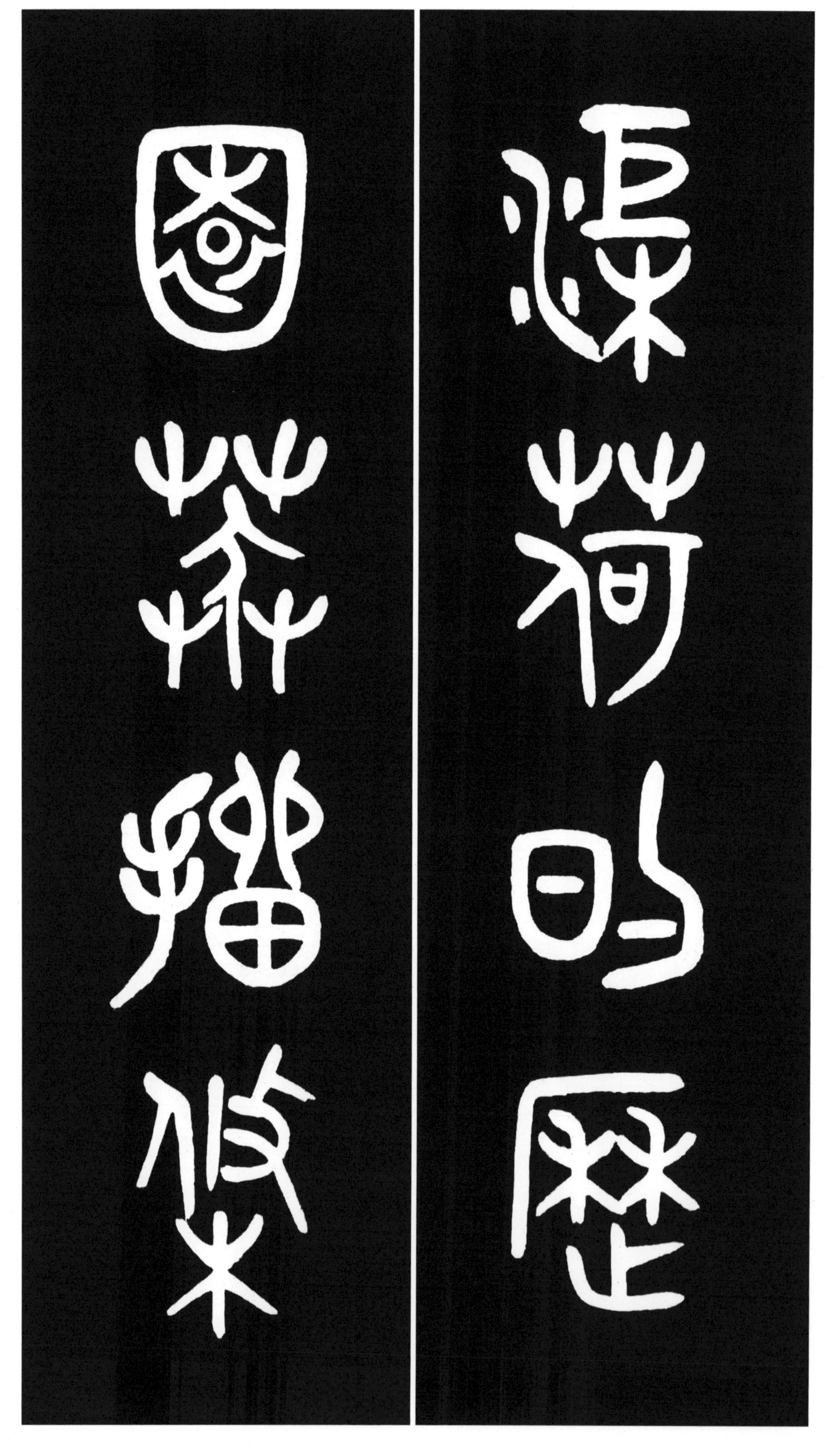

渠荷的歷 園莽抽條 — 거하적력 원망추조 — 도랑의 연꽃은 곱고 분명하며, 동산에 우거진 풀들은 쭉쭉 빼어나다。

渠 개천 거、荷 연꽃 하、的 과녁 적、歷 지날 력、園 동산 원、莽 풀 망、抽 뺄 추、條 가지 조

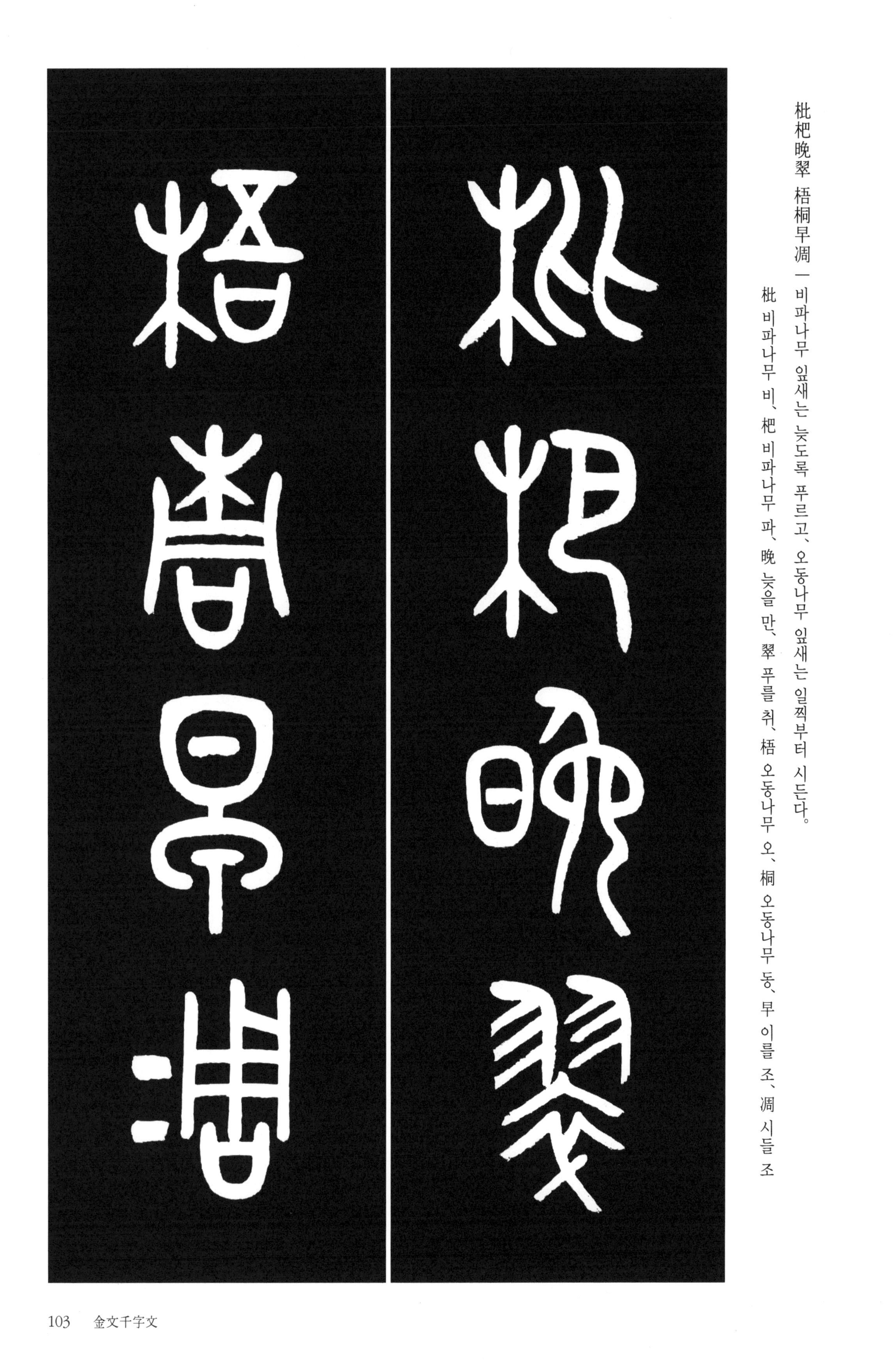

枇杷晩翠 梧桐早凋 ㅡ 비파나무 잎새는 늦도록 푸르고, 오동나무 잎새는 일찍부터 시든다.

枇 비파나무 비, 杷 비파나무 파, 晩 늦을 만, 翠 푸를 취, 梧 오동나무 오, 桐 오동나무 동, 早 이를 조, 凋 시들 조

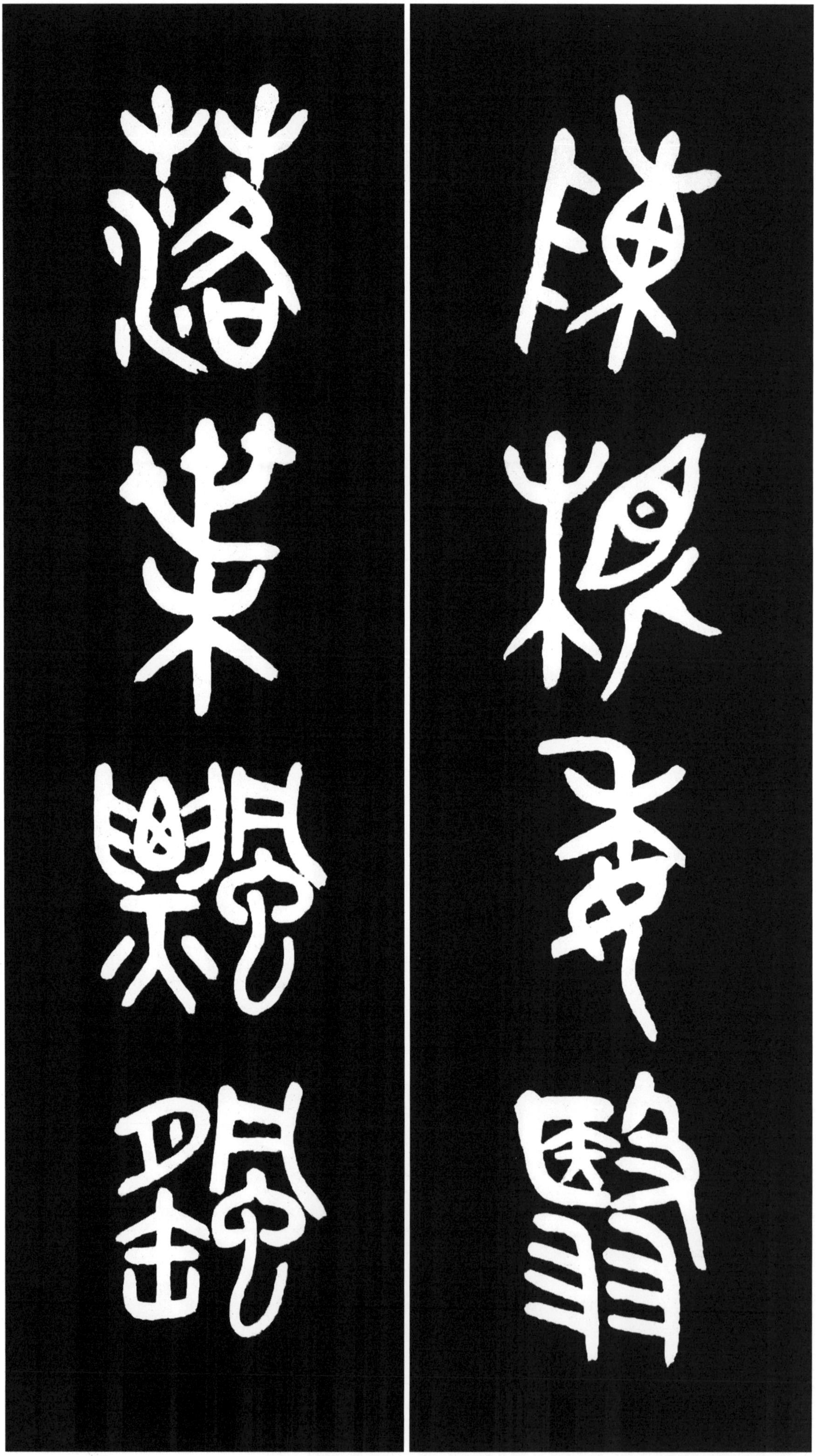

陳根委翳 落葉飄颻 ㅡ 진근위예 낙엽표요 ㅡ 묵은 뿌리들은 버려져 있고, 떨어진 나뭇잎은 바람 따라 흩날린다.

陳 묵을 진, 根 뿌리 근, 委 맡길 위, 翳 가릴 예, 落 떨어질 락, 葉 잎 엽, 飄 나부낄 표, 颻 나부낄 요

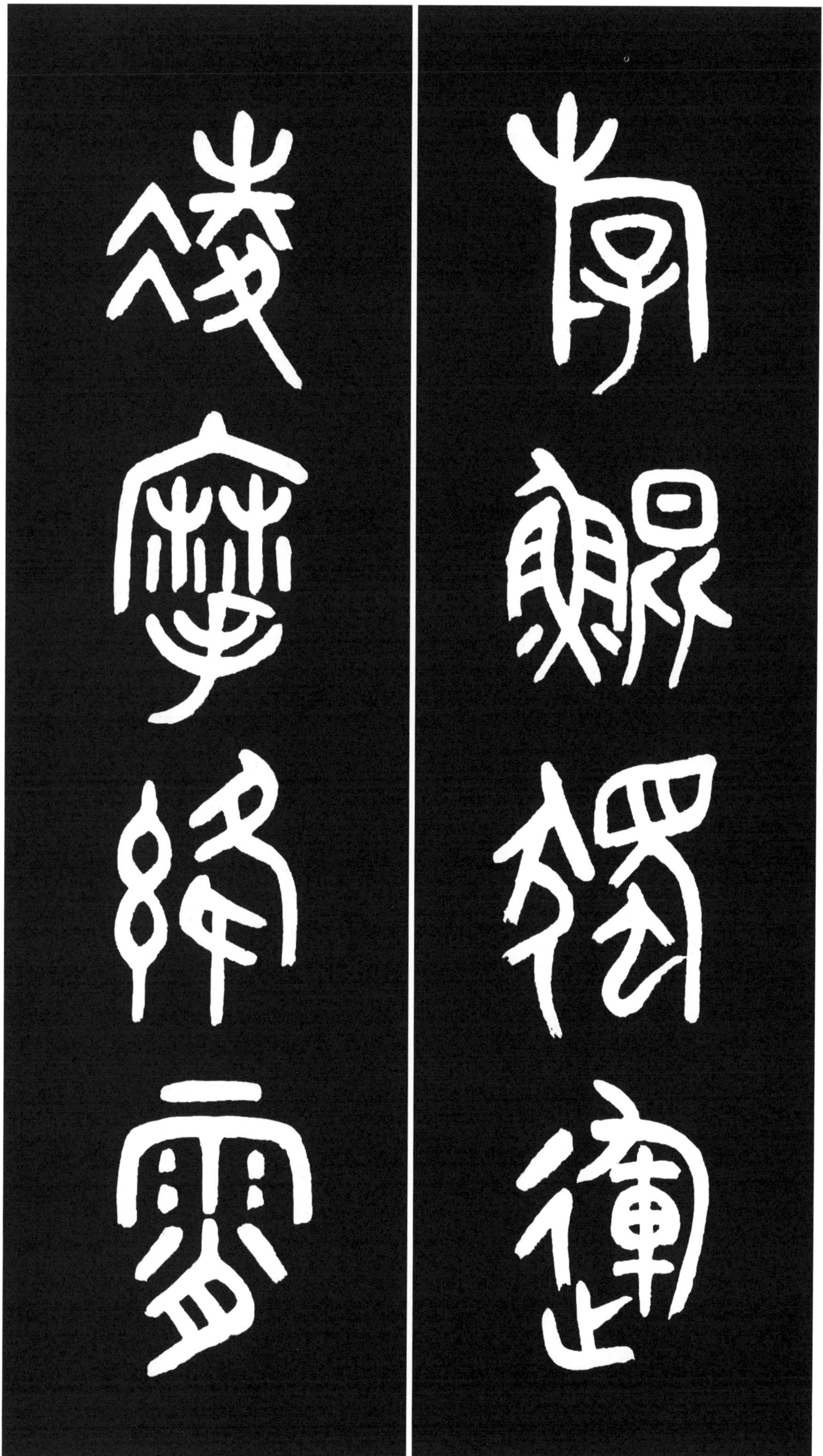

遊鯤獨運 凌摩絳霄 — 유곤독운 능마강소 — 곤어는 홀로 바다를 노닐다가, 붕새 되어 올라가면 붉은 하늘을 누비고 날아다닌다.

遊 놀 유, 鯤 큰고기 곤, 獨 홀로 독, 運 움직일 운, 凌 능멸할 릉, 摩 만질 마, 絳 붉을 강, 霄 하늘 소

耽讀玩(翫)市 寓目囊箱 — 탐독완시 우목낭상 — 저잣거리 책방에서 글 읽기에 흠뻑 빠져、정신 차려 자세히 보니 마치 글을 주머니나 상자 속에 갈무리하는 것 같다.

耽 즐길 탐、讀 읽을 독、玩(翫) 구경 완、市 저자 시、寓 붙일 우、目 눈 목、囊 주머니 낭、箱 상자 상

易輶攸畏 屬耳垣牆 ― 이유유외 속이원장 ― 말하기를 쉽고 가벼이 여기는 것은 두려워할 만한 일이니, 남이 담에 귀를 기울여 듣는 것처럼 조심하라.

易 쉬울 이, 輶 가벼울 유, 攸 바 유, 畏 두려울 외, 屬 붙일 속, 耳 귀 이, 垣 담 원, 牆 담 장

具膳飧飯 適口充腸 ― 구선손반 적구충장 ― 반찬을 갖추어 밥을 먹으니, 입맛에 맞게 창자를 채울 뿐이다。

具 갖출 구、膳 반찬 선、飧 밥 손、飯 밥 반、適 마침 적、口 입 구、充 채울 충、腸 창자 장

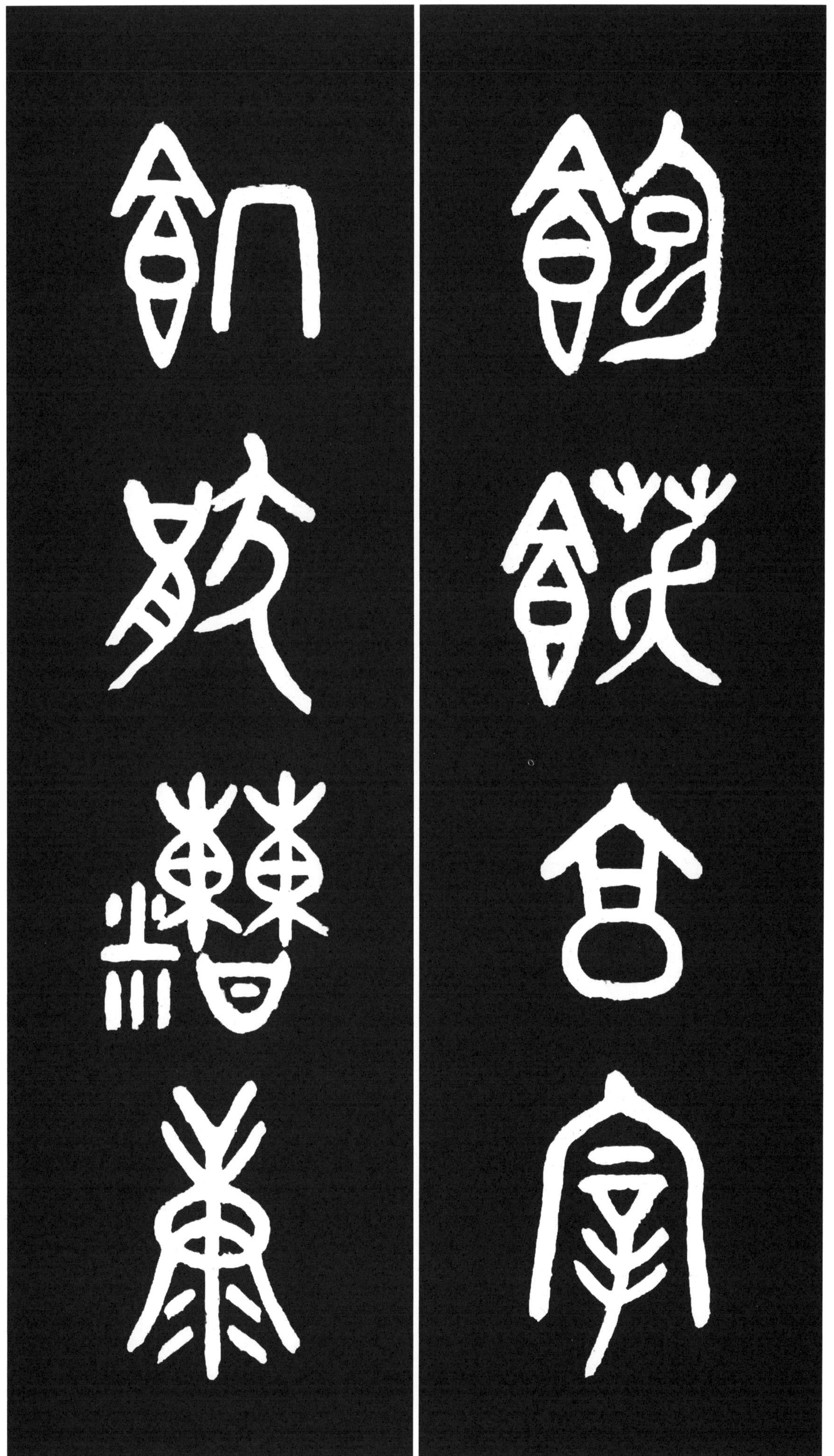

飽飫烹宰 飢厭糟糠 ― 포어팽재 기염조강 ― 배부르면 아무리 맛있는 요리도 먹기 싫고, 굶주리면 술지게미와 쌀겨도 만족스럽다.

飽 배부를 포, 飫 배부를 어, 烹 삶을 팽, 宰 재상 재, 飢 주릴 기, 厭 싫을 염, 糟 지게미 조, 糠 겨 강

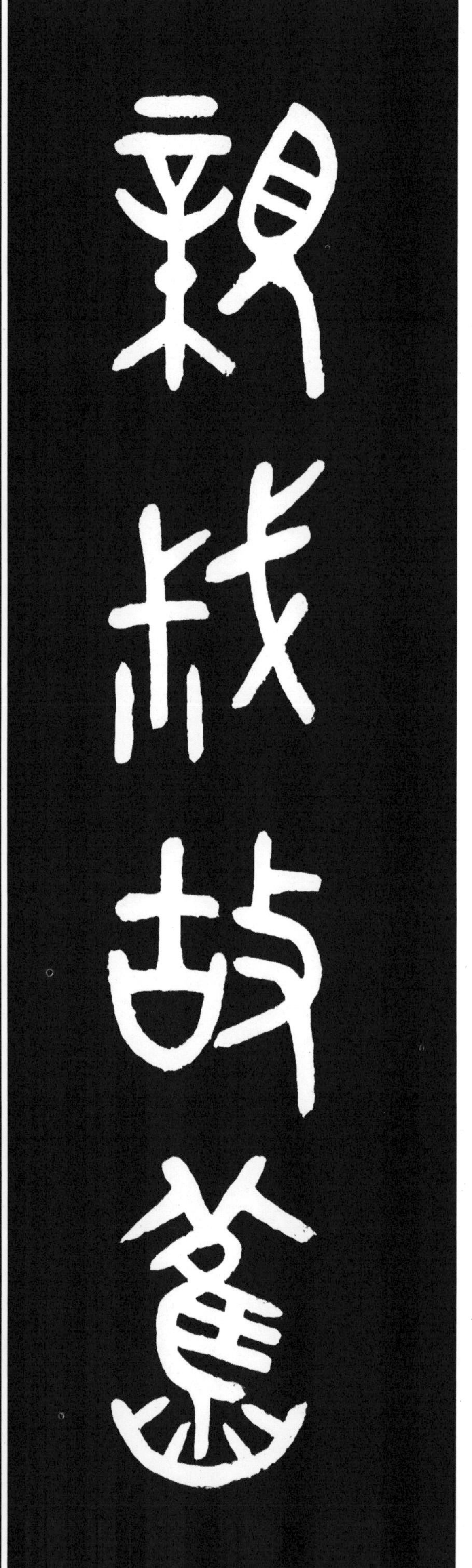

親戚故舊 老少異糧 ㅡ 친척고구 노소이량 ㅡ 친척이나 친구들을 대접할 때는, 노인과 젊은이의 음식을 달리해야 한다。

親 친할 친、戚 겨레 척、故 연고 고、舊 옛 구、老 늙을 로、少 젊을 소、異 다를 이、糧 양식 량

妾御績紡 侍巾帷房 — 첩어적방 시건유방 — 아내나 첩은 길쌈을 하고, 안방에서는 수건과 빗을 가지고 남편을 섬긴다。

妾 첩 첩、御 모실 어、績 길쌈 적、紡 길쌈 방、侍 모실 시、巾 수건 건、帷 장막 유、房 방 방

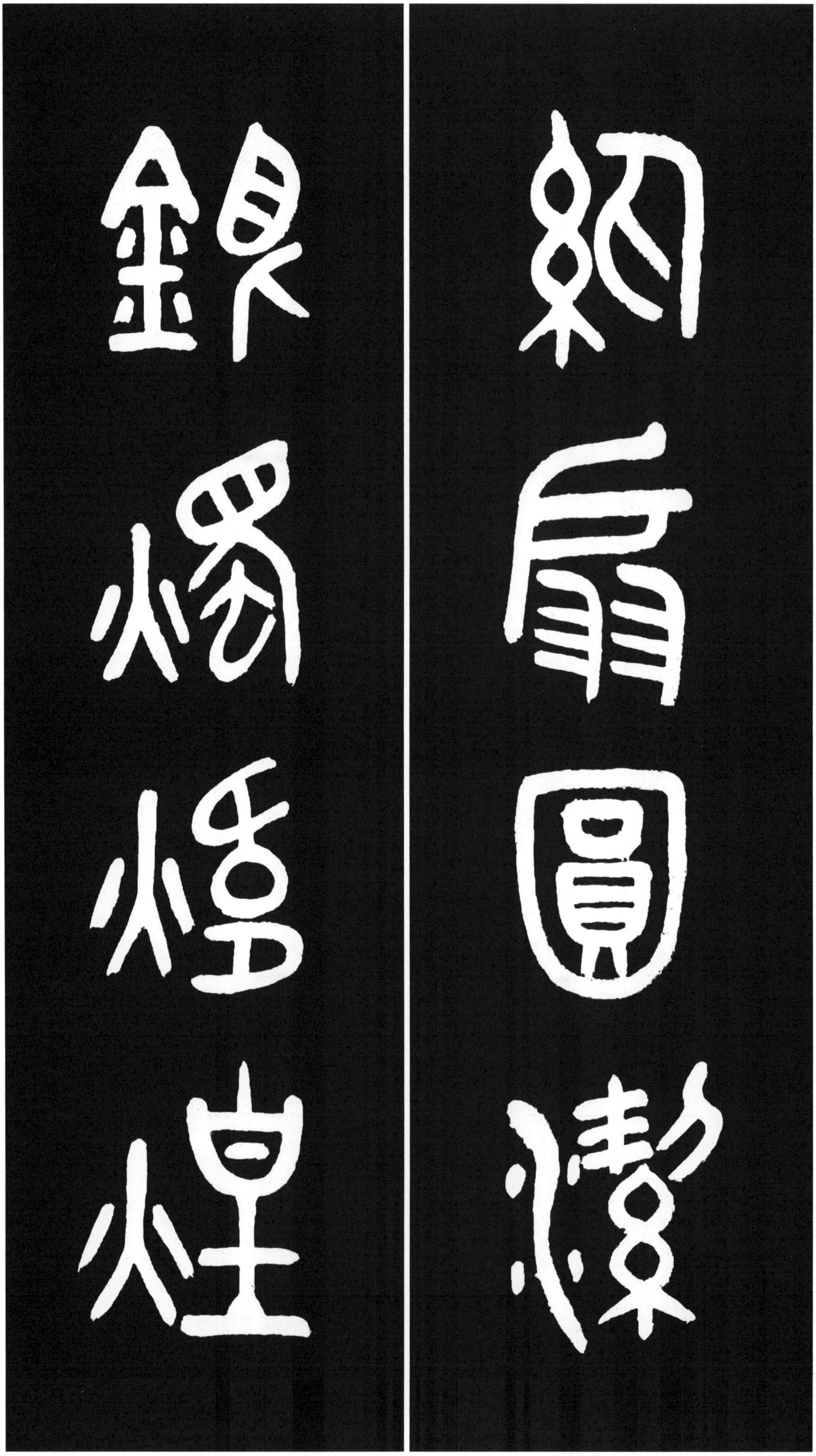

紈扇圓潔 銀燭煒煌 — 환선원결 은촉위황 — 비단 부채는 둥글고 깨끗하며, 은빛 촛불은 휘황하게 빛난다.

紈 흰깁 환, 扇 부채 선, 圓 둥글 원, 潔 깨끗할 결, 銀 은 은, 燭 촛불 촉, 煒 빛날 위, 煌 빛날 황

晝眠夕寐 藍筍象牀 — 주면석매 남순상상 — 낮잠을 즐기거나 밤잠을 누리는, 상아로 장식한 대나무 침상이다.

晝 낮 주, 眠 졸 면, 夕 저녁 석, 寐 잘 매, 藍 쪽 람, 筍 댓순 순, 象 코끼리 상, 牀 평상 상

弦(絃)謌(歌)酒讌 接桮擧觴 ㅡ 현가주연 접배거상 ㅡ 연주하고 노래하는 잔치마당에서는, 잔을 주고받기도 하며 혼자서 들기도 한다。

弦(絃) 줄 현、謌(歌) 노래 가、酒 술 주、讌 잔치 연、接 접할 접、桮 잔 배、擧 들 거、觴 잔 상

矯手頓足 說(悅)豫且康 ㅡ 교수돈족 열예차강 ㅡ 손을 들고 발을 굴러 춤을 추니, 기쁘고도 편안하다.

矯 들 교, 手 손 수, 頓 두드릴 돈, 足 발 족, 說(悅) 기쁠 열, 豫 기쁠 예, 且 또 차, 康 편안 강

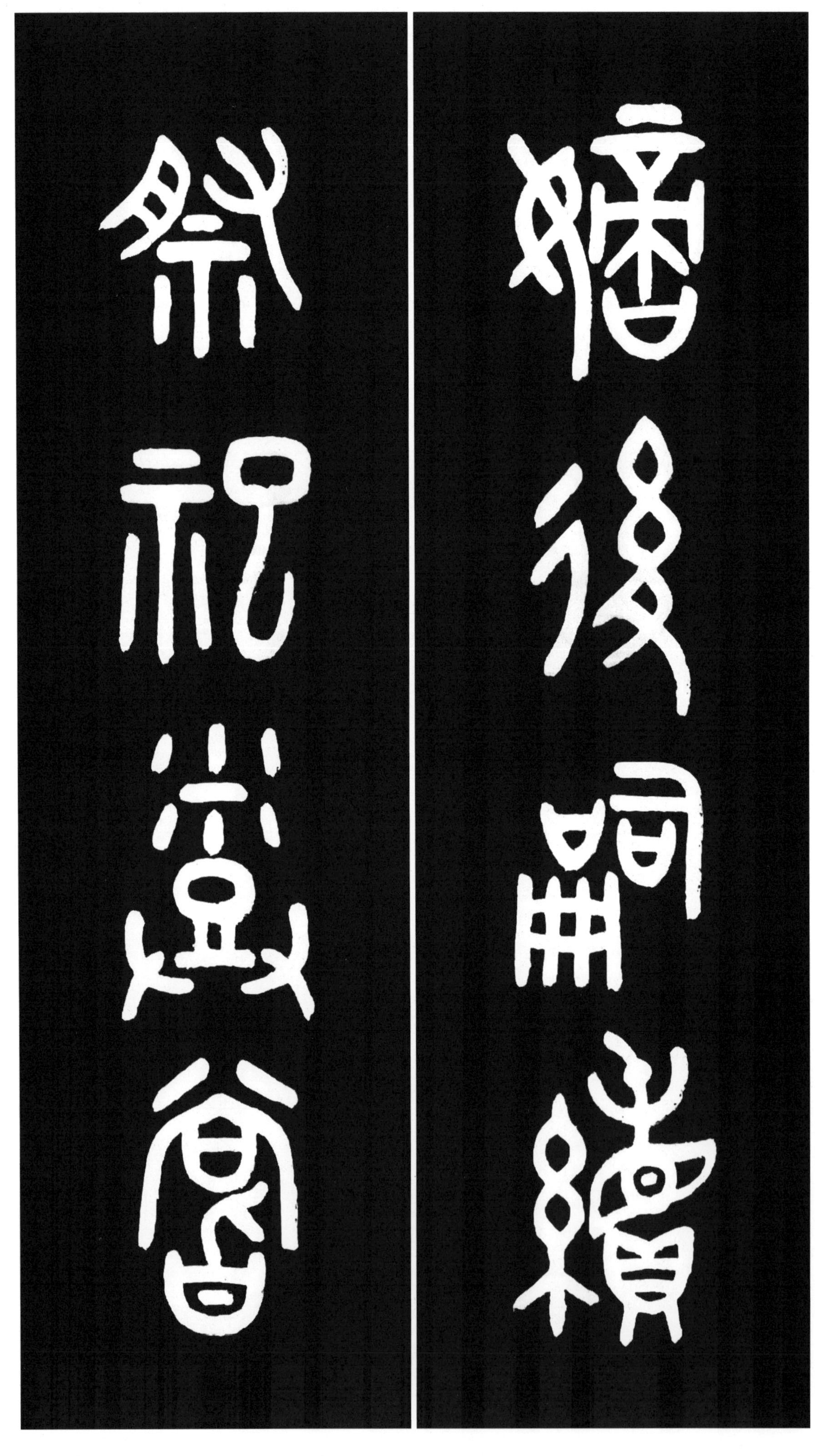

嫡後嗣續 祭祀蒸嘗 — 적후사속 제사증상 — 적장자는 가문의 맥을 이어, 겨울의 증(蒸)제사와 가을의 상(嘗)제사를 지낸다.

嫡 맏 적, 後 뒤 후, 嗣 이을 사, 續 이를 속, 祭 제사 제, 祀 제사 사, 蒸 찔 증, 嘗 맛볼 상

稽顙再拜 悚懼恐惶 ― 계상재배 송구공황 ― 이마를 조아려서 두 번 절하고, 두려워하고 공경한다。

稽 조아릴 계、顙 이마 상、再 두 재、拜 절 배、悚 두려울 송、懼 두려울 구、恐 두려울 공、惶 두려울 황

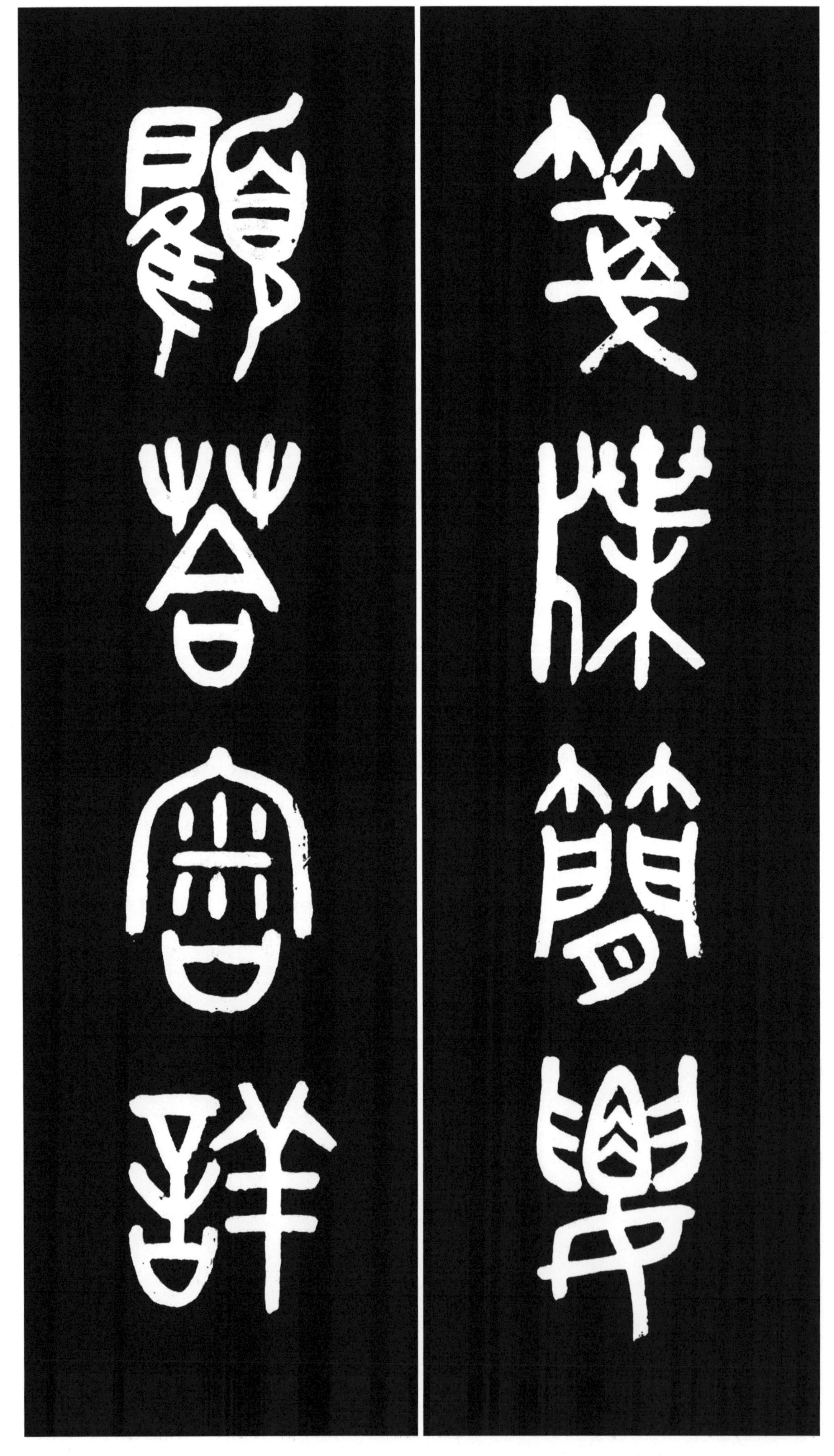

箋(牋)牒簡要 顧答審詳 — 전첩간요 고답심상 — 편지는 간단명료해야 하고, 안부를 묻거나 대답할 때에는 자세히 살펴서 명백히 해야 한다。

箋(牋) 편지 전、牒 편지 첩、簡 대쪽 간、要 중요할 요、顧 돌아볼 고、答 대답 답、審 살필 심、詳 자세할 상

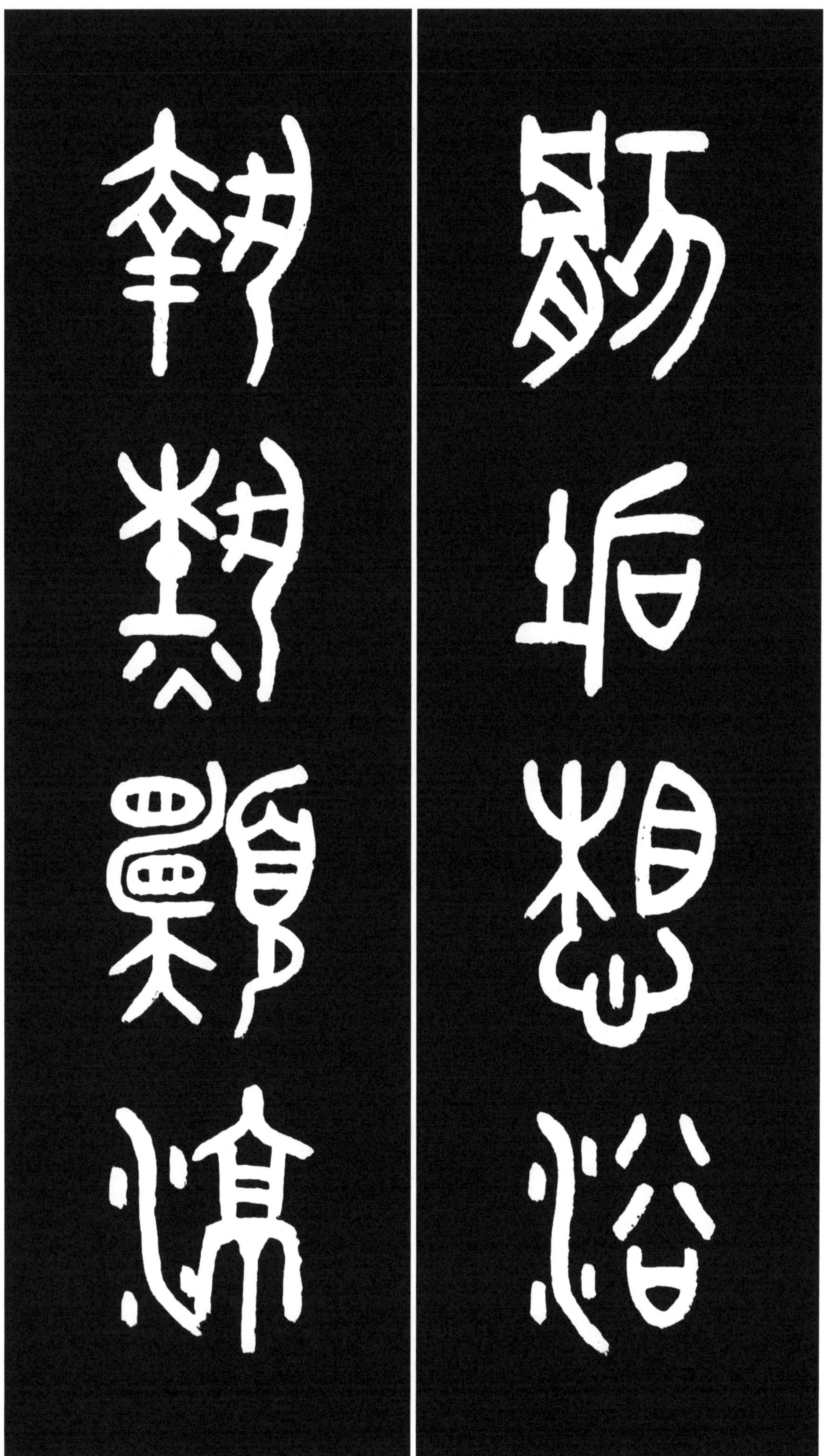

骸垢想浴 執熱願涼 — 해구상욕 집열원량 — 몸에 때가 끼면 목욕할 것을 생각하고, 뜨거운 것을 잡으면 시원하기를 바란다。

骸 뼈 해、垢 때 구、想 생각 상、浴 목욕 욕、執 잡을 집、熱 더울 열、願 원할 원、涼 서늘할 량

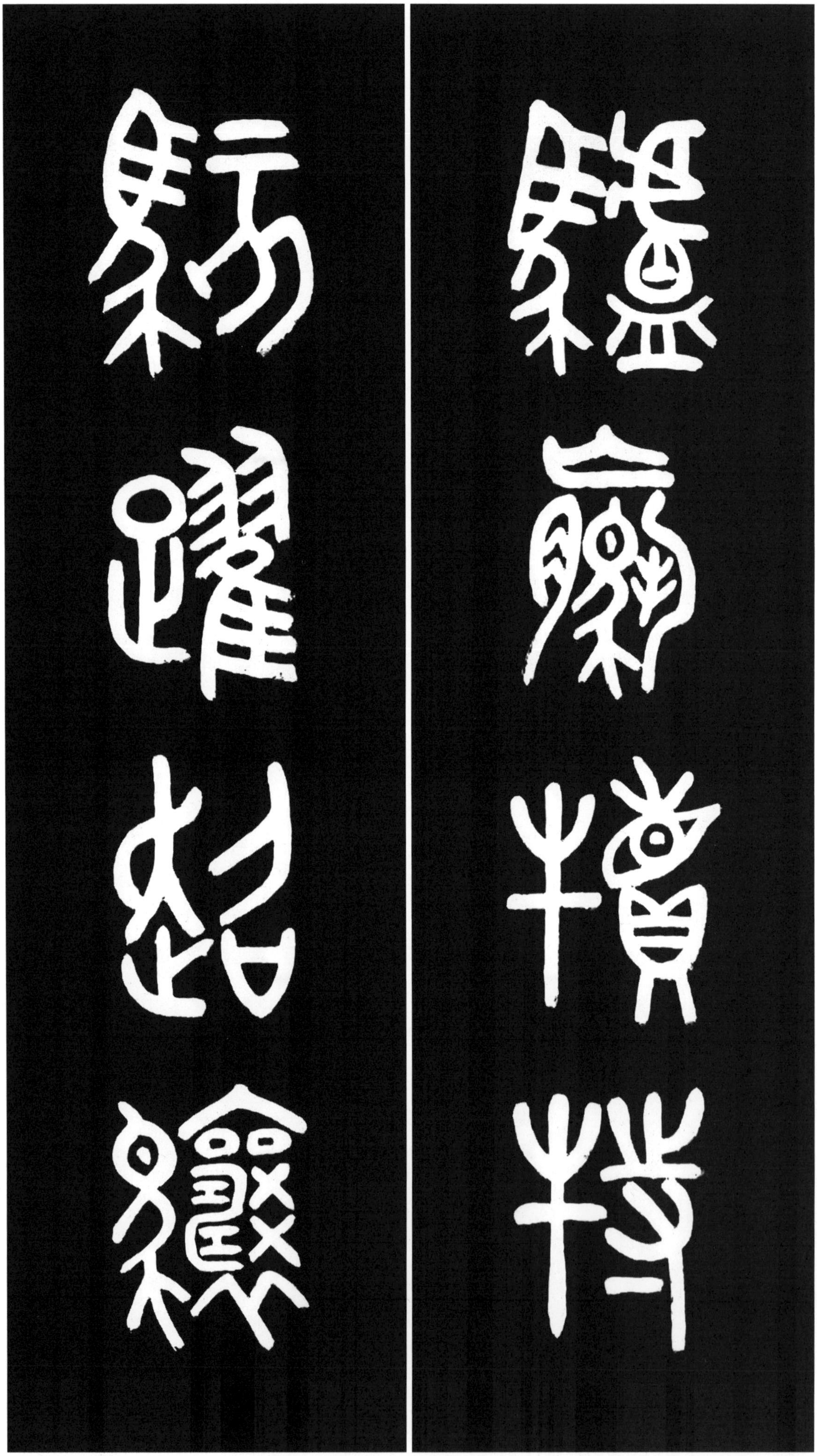

驢贏(騾)犢特 駭躍超驤 ㅡ 여라독특 해약초양 ㅡ 나귀와 노새와 송아지와 소들이, 놀라서 뛰고 달린다。

驢 나귀 려、贏(騾) 노새 라、犢 송아지 독、特 수소 특、駭 놀랄 해、躍 뛸 약、超 뛰어넘을 초、驤 달릴 양

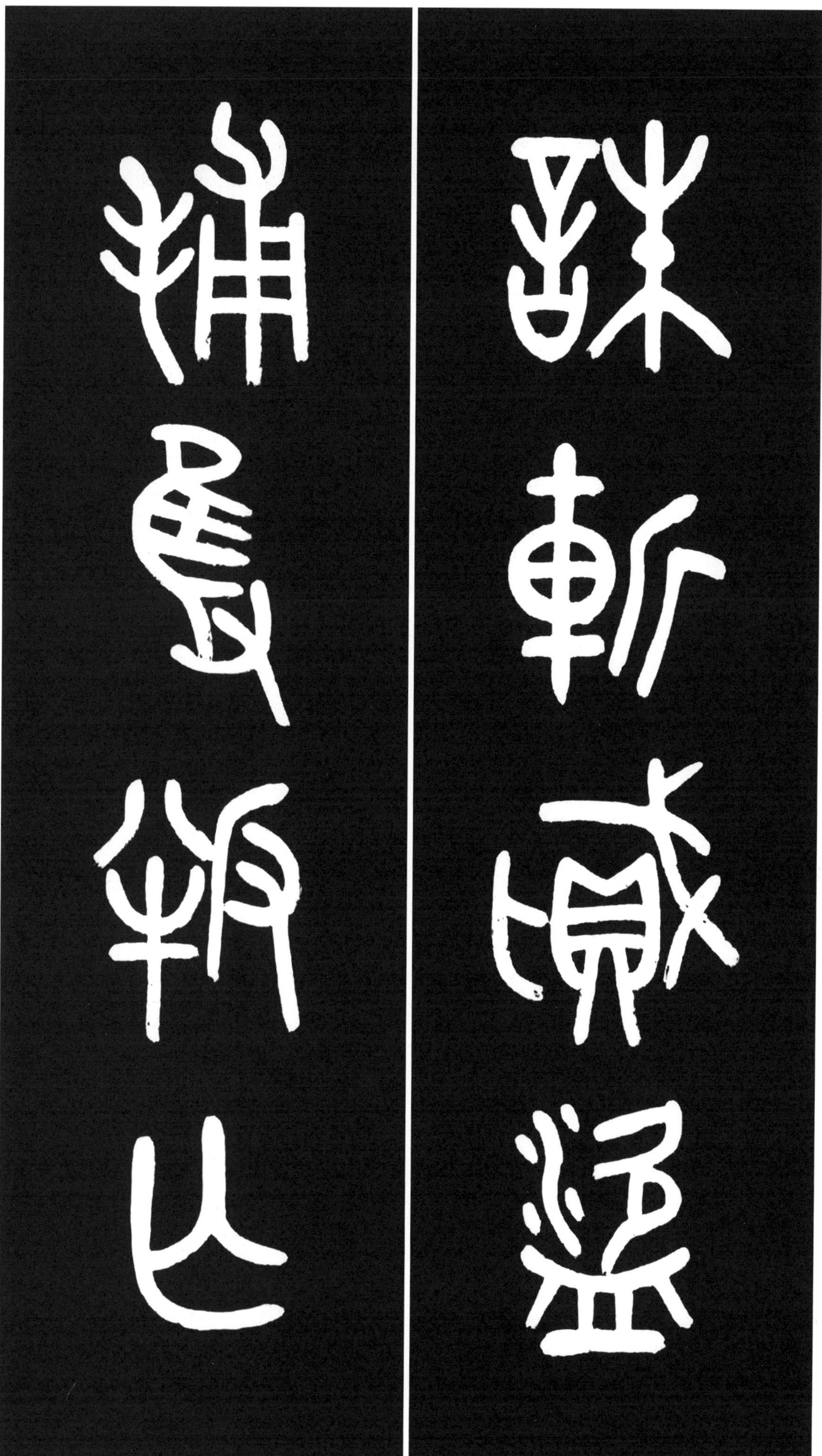

誅斬賊盜 捕獲叛亡 ㅡ 주참적도 포획반망 ㅡ 도적을 처벌하고 베며, 배반자와 도망자를 사로잡는다。

誅 벨 주、斬 벨 참、賊 도적 적、盜 도적 도、捕 잡을 포、獲 얻을 획、叛 배반할 반、亡 도망 망

布射遼丸 嵇琴阮嘯 — 포사료환 혜금완소 — 여포(呂布)의 활쏘기, 웅의료(熊宜遼)의 탄환 돌리기며, 혜강(嵇康)의 거문고 타기, 완적(阮籍)의 휘파람은 모두 유명하다.

布 베 포、射 쏠 사、遼 벗 료、丸 탄환 환、嵇 성 혜、琴 거문고 금、阮 성 완、嘯 휘파람불 소

恬筆倫紙 鈞巧任釣 — 염필륜지 균교임조 — 몽염(蒙恬)은 붓을 만들고、채륜(蔡倫)은 종이를 만들었고、마균(馬鈞)은 기교가 있었고、임공자(任公子)는 낚시를 잘했다.

恬 편안할 염、筆 붓 필、倫 인륜 륜、紙 종이 지、鈞 서른근 균、巧 공교할 교、任 맡길 임、釣 낚시 조

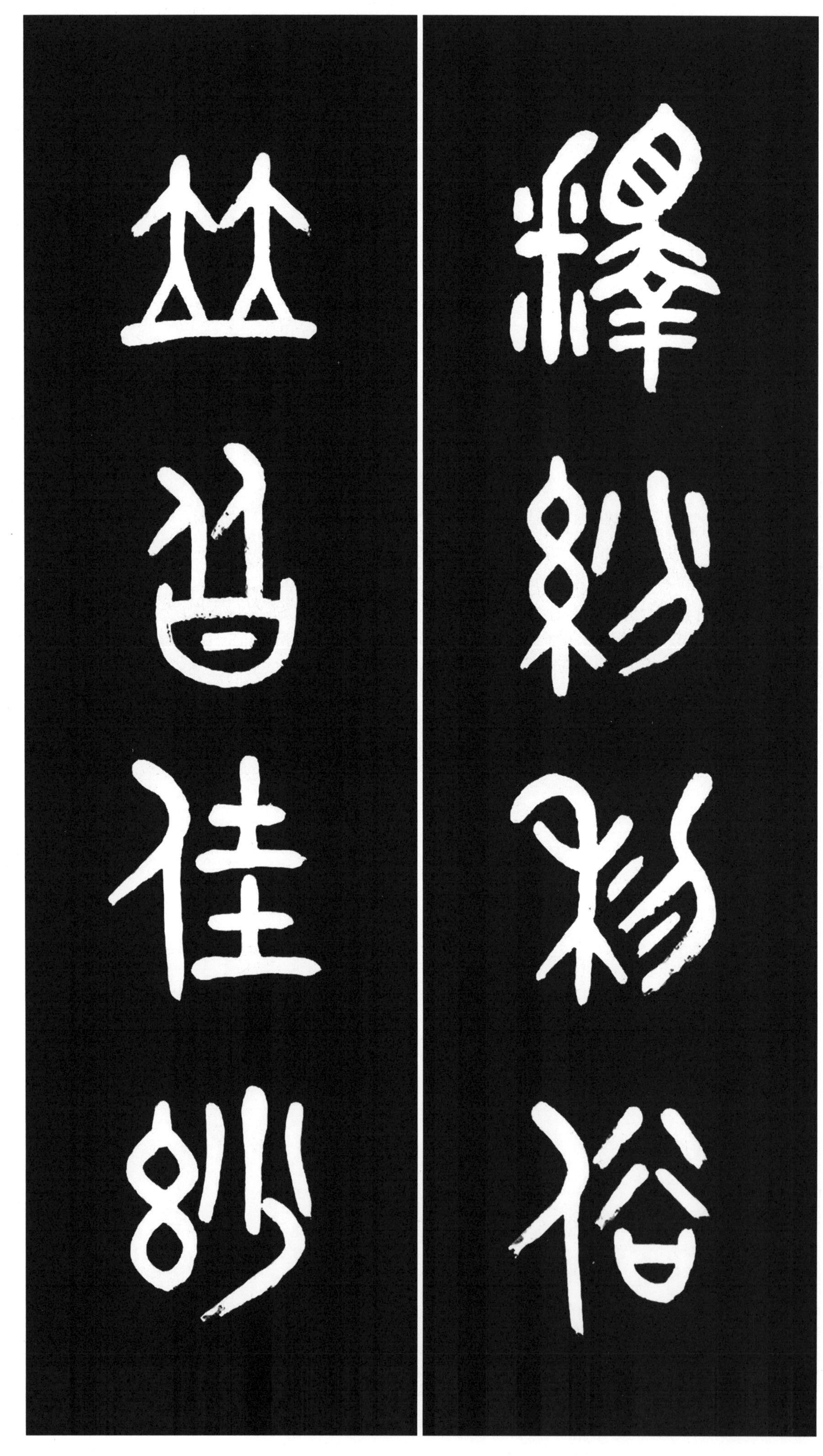

釋紛利俗 並皆佳妙 ㅡ 석분리속 병개가묘 ㅡ 어지러움을 풀어 세상을 이롭게 하였으니, 이들은 모두 다 아름답고 묘한 사람들이다.

釋 풀 석, 紛 어지러울 분, 利 이로울 리, 俗 풍속 속, 並 아우를 병, 皆 다 개, 佳 아름다울 가, 妙 묘할 묘

毛施淑姿 工頻(嚬)姸笑 ― 모시숙자 공빈연소 ― 오나라 모장(毛嬙)과 월나라 서시(西施)는 자태가 아름다워, 찌푸림도 교묘하고 웃음은 곱기도 하였다。

毛 털 모、施 베풀 시、淑 맑을 숙、姿 자태 자、工 장인 공、頻(嚬) 찡그릴 빈、姸 고울 연、笑 웃음 소

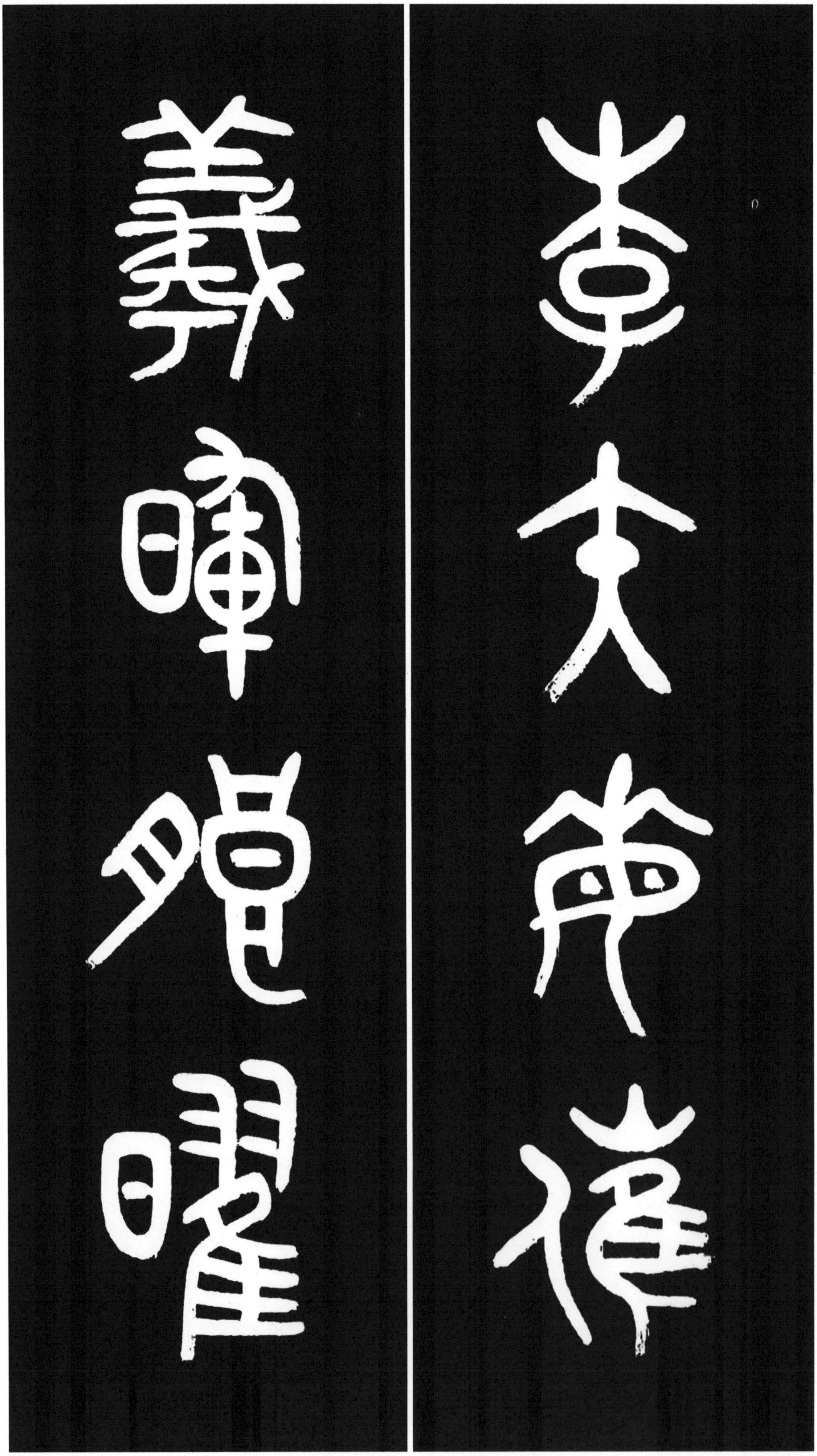

年矢每催 羲暉朗曜 — 연시매최 희휘랑요 — 세월은 살같이 매양 빠르기를 재촉하건만, 햇빛은 밝고 빛나기만 하구나。

年 해 년、矢 화살 시、每 매양 매、催 재촉할 최、羲 복희 희、暉 햇빛 휘、朗 밝을 랑、曜 빛날 요

璿(琁)璣縣(懸)斡 晦魄環照 — 선기현알 회백환조 — 선기옥형(璇璣玉衡)은 공중에 매달려 돌고, 어두움과 밝음이 돌고 돌면서 비춰준다.

璿(琁) 구슬 선, 璣 구슬 기, 縣(懸) 달 현, 斡 돌 알, 晦 그믐 회, 魄 넋 백, 環 고리 환, 照 비칠 조

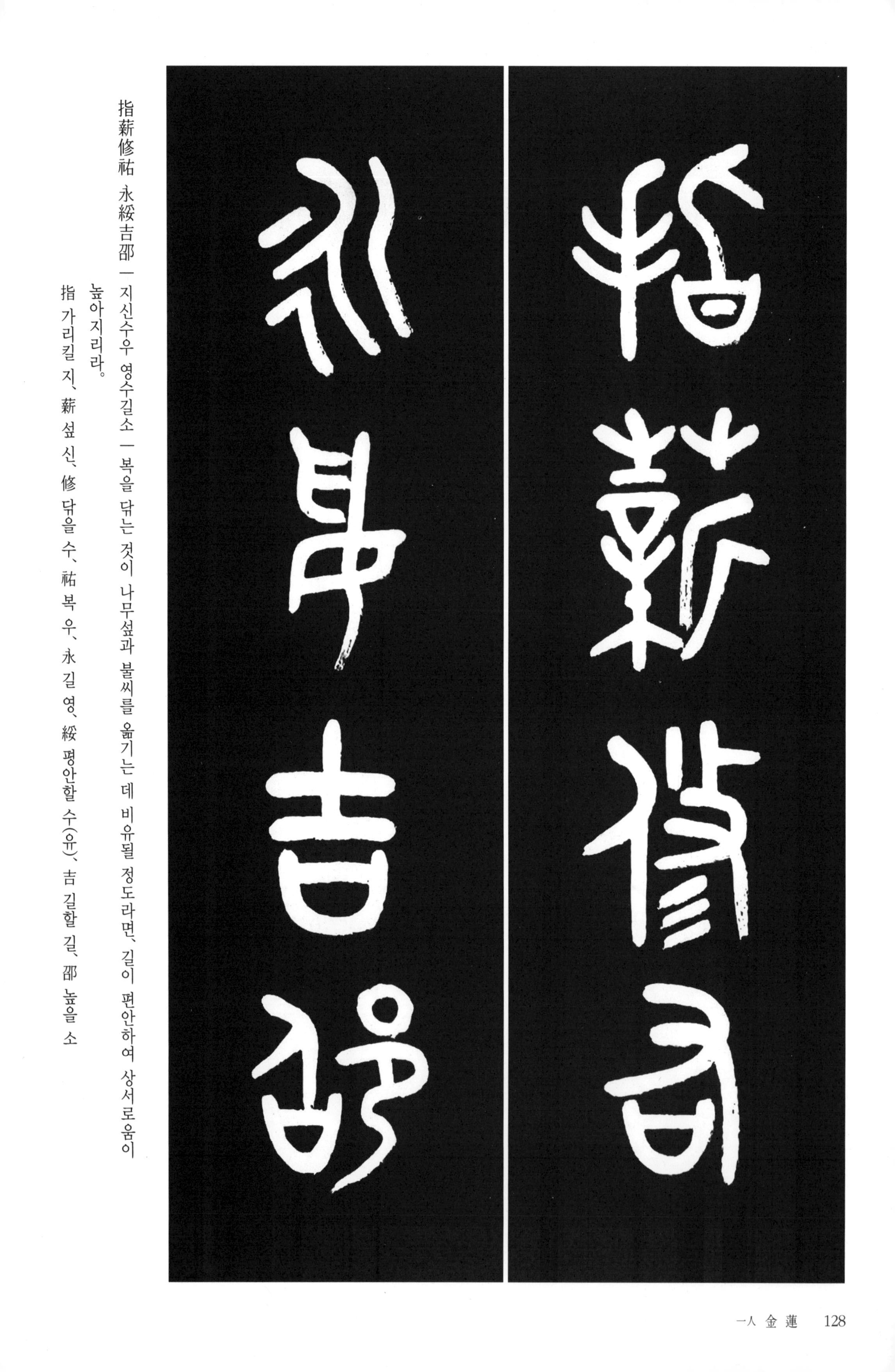

指薪修祐 永綏吉卲 ― 지신수우 영수길소 ― 복을 닦는 것이 나무섶과 불씨를 옮기는 데 비유될 정도라면, 길이 편안하여 상서로움이 높아지리라。

指 가리킬 지、薪 섶 신、修 닦을 수、祐 복 우、永 길 영、綏 평안할 수(유)、吉 길할 길、卲 높을 소

矩步引領 俯仰廊廟 — 구보인령 부앙랑묘 — 걸음걸이를 바르게 하여 옷차림을 단정히 하고, 낭묘(廊廟)에 오르고 내린다。

矩 법 구、步 걸음 보、引 이끌 인、領 거느릴 령、俯 구부릴 부、仰 우러러볼 앙、廊 행랑 랑、廟 사당 묘

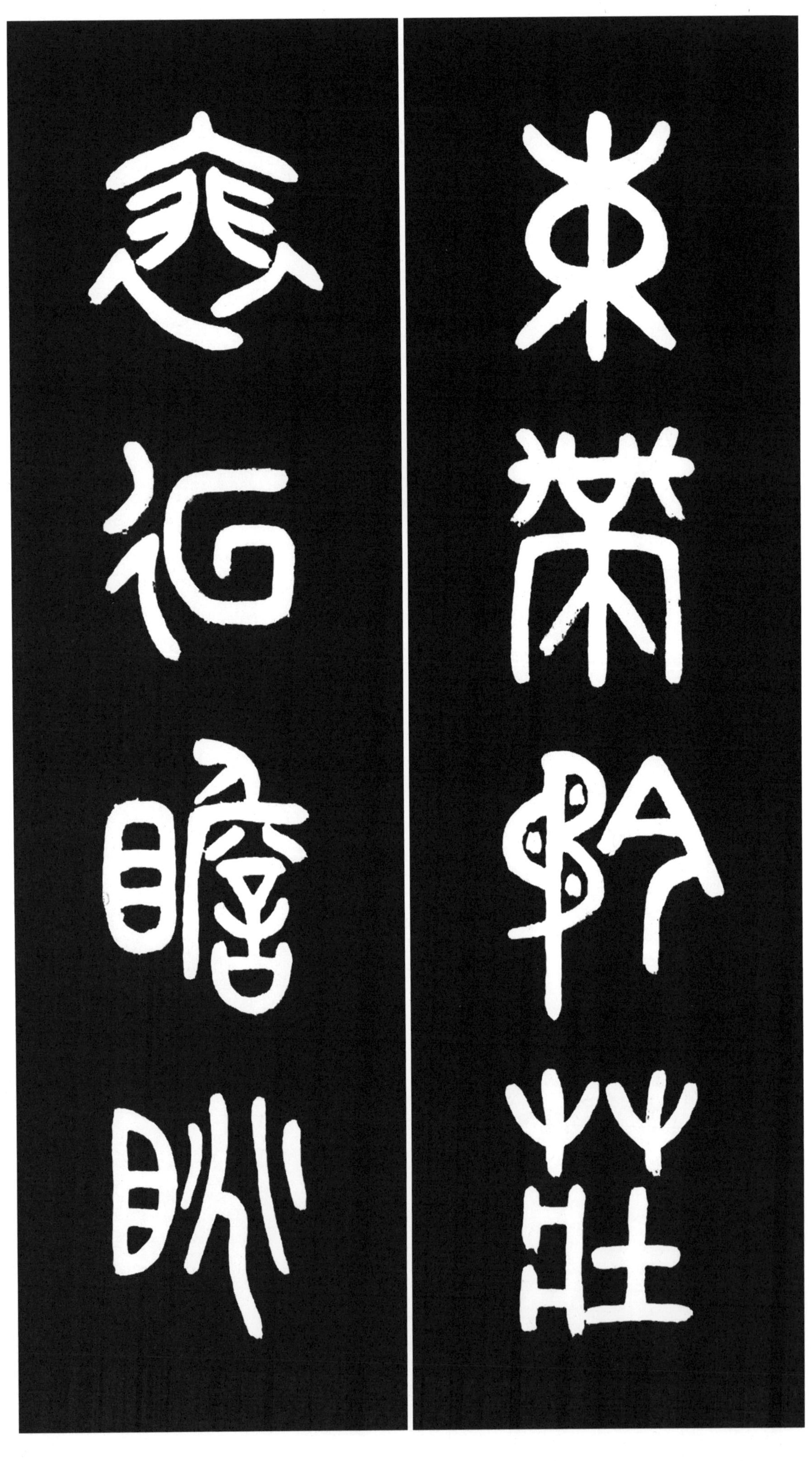

東帶矜莊 裵(徘)徊瞻眺 ― 속대긍장 배회첨조 ― 띠를 묶는 등 경건하게 하고, 배회하며 우러러본다.

東 묶을 속, 帶 띠 대, 矜 자랑 긍, 莊 씩씩할 장, 裵(徘) 배회할 배, 徊 배회할 회, 瞻 볼 첨, 眺 바라볼 조

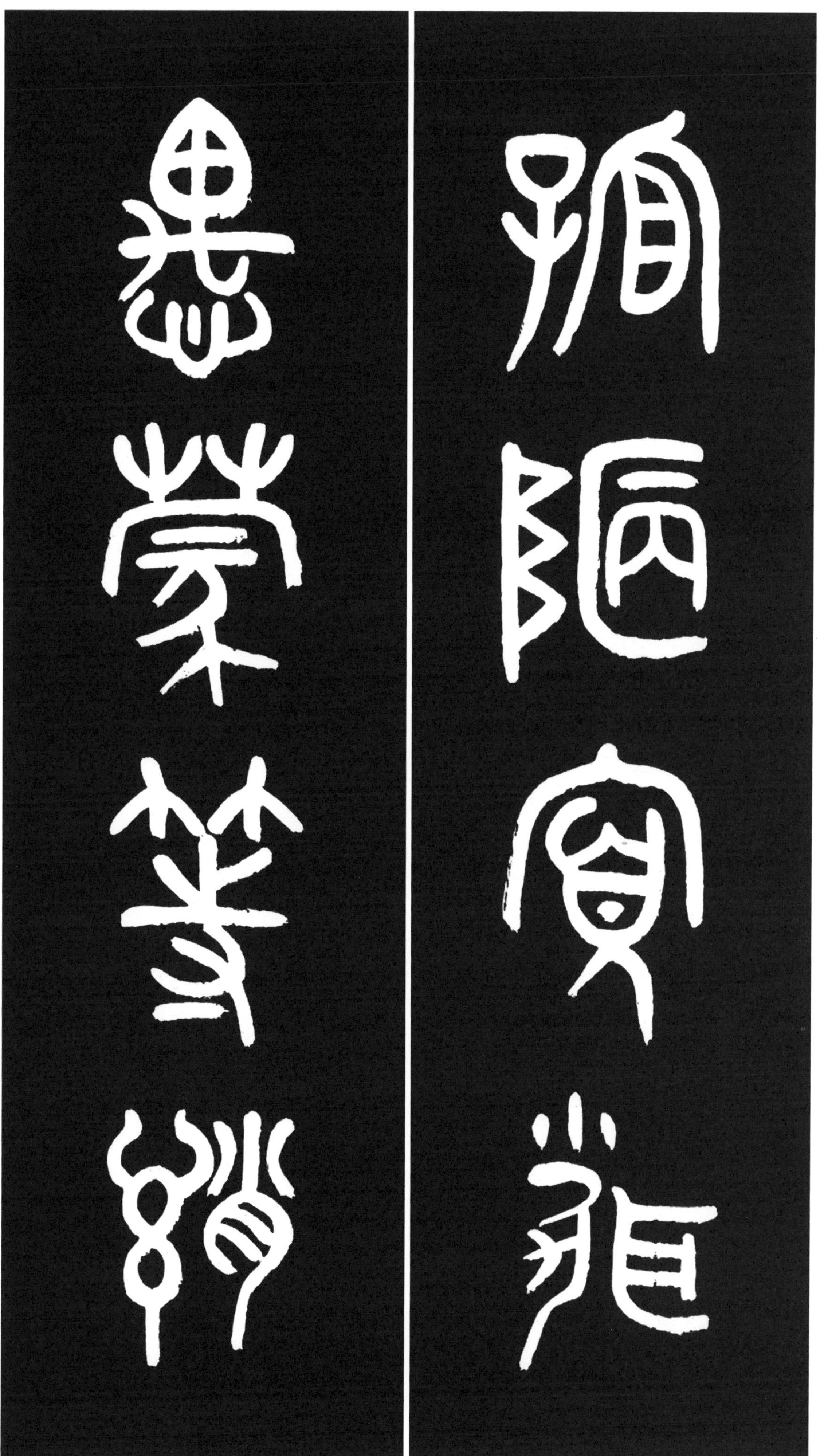

孤陋寡聞 愚蒙等誚 ― 고루과문 우몽등초 ― 고루하고 배움이 적으면 어리석고 몽매한 자들과 같아서 남의 책망을 듣게 마련이다。

孤 외로울 고、陋 더러울 루、寡 적을 과、聞 들을 문、愚 어리석을 우、蒙 어릴 몽、等 무리 등、誚 꾸짖을 초

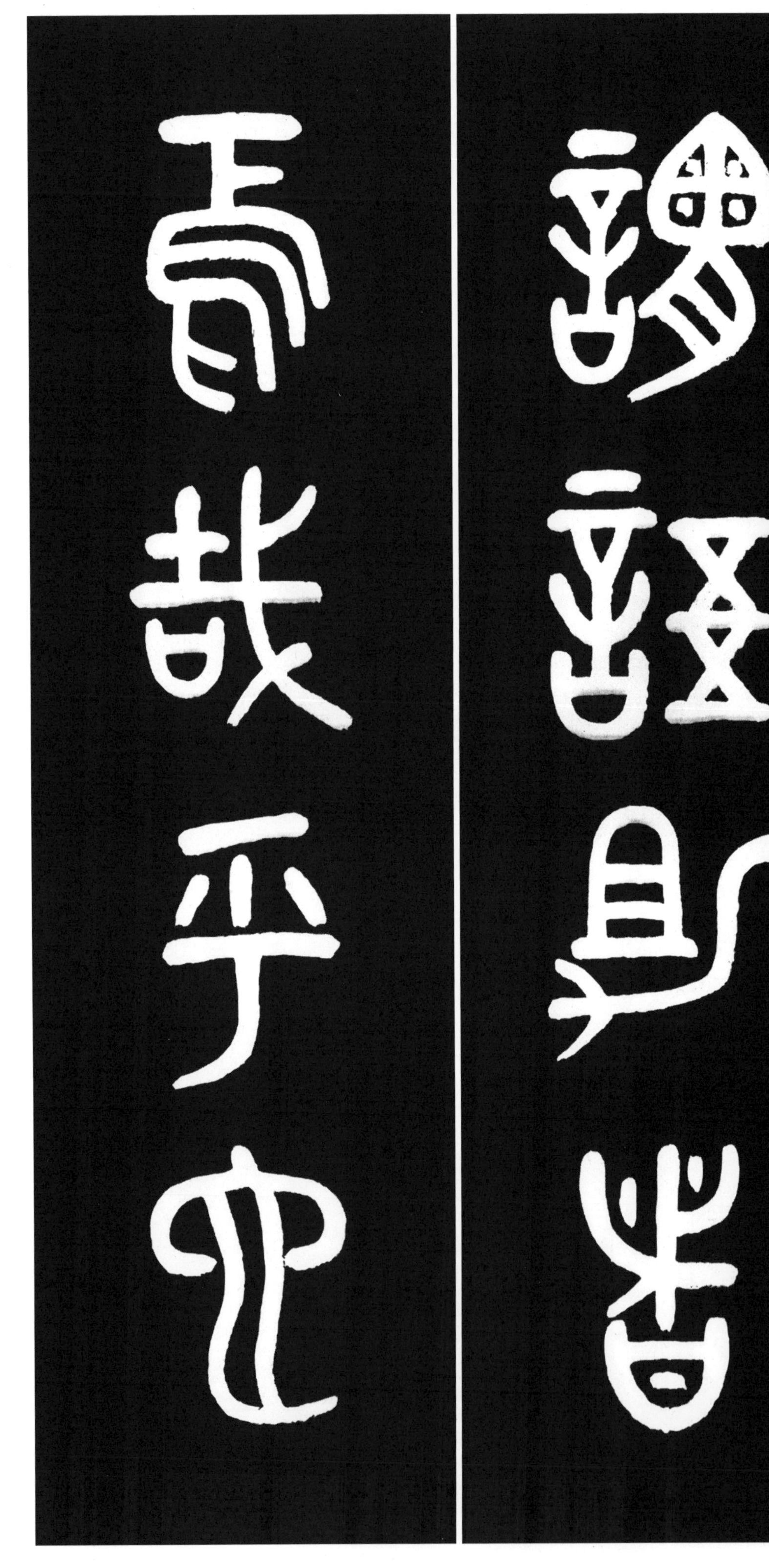

謂語助者 焉哉乎也 ― 위어조자 언재호야 ― 어조사라 이르는 것에는 언(焉)·재(哉)·호(乎)·야(也)가 있다。

謂 이를 위、語 말씀 어、助 도울 조、者 놈 자、焉 어조사 언、哉 어조사 재、乎 어조사 호、也 이끼 야

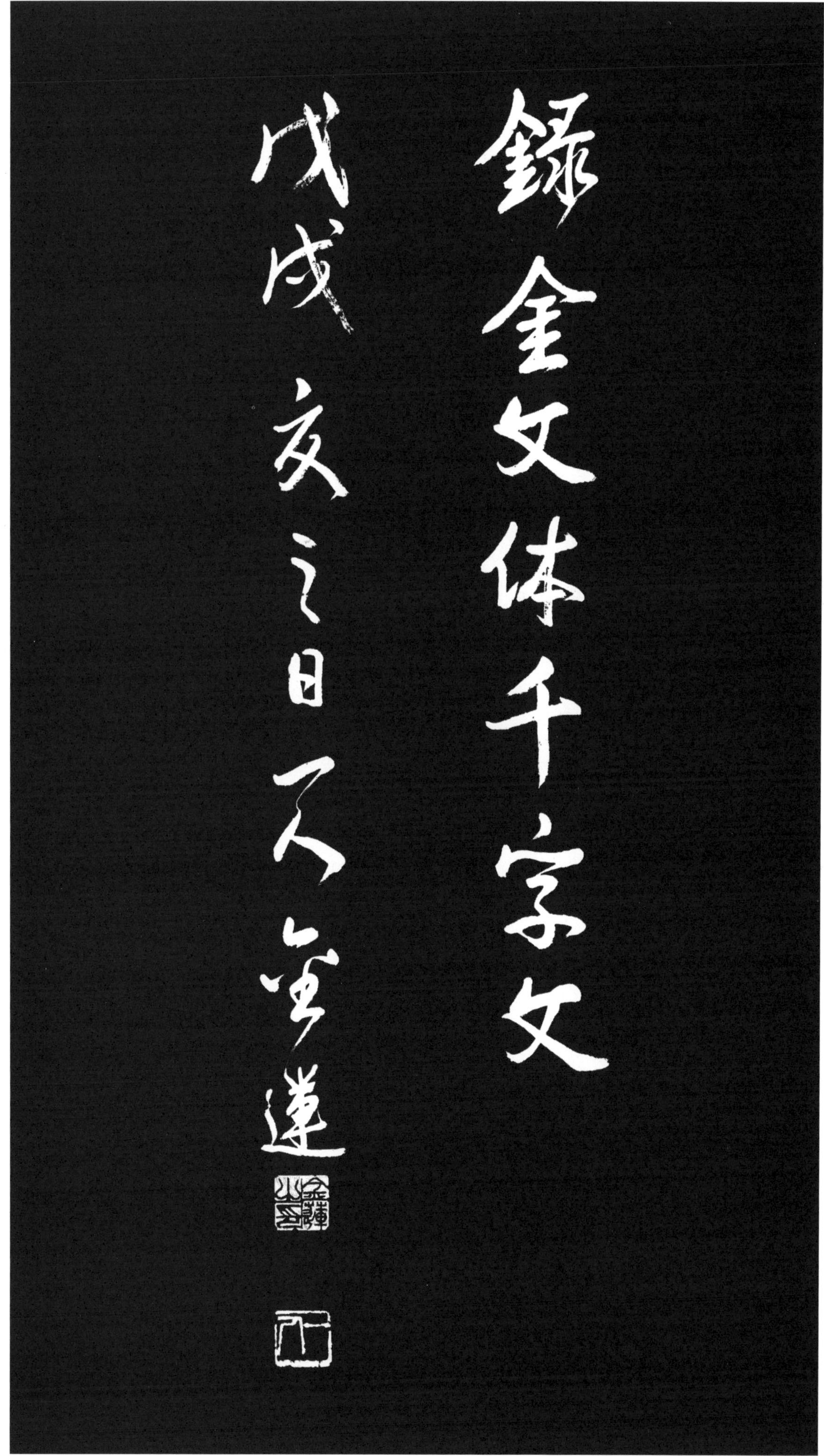
錄金文体千字文

索 引

福 복 / 36	髮 발 / 26	目 목 / 106	莫 막 / 29	得 득 / 29	談 담 / 30
伏 복 / 22	發 발 / 20	牧 목 / 82	邈 막 / 88	等 등 / 131	淡 담 / 16
服 복 / 18	傍 방 / 63	睦 목 / 49	漠 막 / 83	騰 등 / 12	答 답 / 118
本 본 / 89	紡 방 / 111	蒙 몽 / 131	滿 만 / 57	登 등 / 46	唐 당 / 19
奉 봉 / 50	方 방 / 25	妙 묘 / 124	晚 만 / 103	贏(驘) 라 / 120	當 당 / 39
封 봉 / 70	房 방 / 111	廟 묘 / 129	萬 만 / 25	洛 락 / 60	棠 당 / 47
鳳 봉 / 24	背 배 / 60	杳 묘 / 88	亡 망 / 121	落 락 / 104	堂 당 / 35
俯 부 / 129	陪 배 / 71	畝 묘 / 90	罔 망 / 30	朗 랑 / 126	岱 대 / 85
浮 부 / 60	裵(徘) 배 / 130	茂 무 / 73	邙 망 / 60	廊 랑 / 129	對 대 / 63
府 부 / 69	栖 배 / 114	無 무 / 45	忘 망 / 29	涼 량 / 119	帶 대 / 130
富 부 / 72	拜 배 / 117	武 무 / 77	莽 망 / 102	量 량 / 31	大 대 / 26
扶 부 / 76	魄 백 / 127	務 무 / 89	每 매 / 126	黎 려 / 22	德 덕 / 34
傅 부 / 50	伯 백 / 51	墨 묵 / 32	寐 매 / 113	麗 려 / 13	圖 도 / 62
婦 부 / 49	百 백 / 84	默 묵 / 99	孟 맹 / 92	驢 려 / 120	道 도 / 21
父 부 / 38	白 백 / 24	文 문 / 18	盟 맹 / 80	慮 려 / 100	途 도 / 80
阜 부 / 75	煩 번 / 81	聞 문 / 131	面 면 / 60	輦 련 / 71	都 도 / 59
夫 부 / 49	伐 벌 / 20	門 문 / 86	緜(綿) 면 / 88	路 로 / 69	盜 도 / 121
分 분 / 53	法 법 / 81	問 문 / 21	眠 면 / 113	露 로 / 12	陶 도 / 19
墳 분 / 67	壁 벽 / 37	勿 물 / 78	勉 면 / 95	祿 록 / 72	篤 독 / 44
紛 분 / 124	壁 벽 / 68	物 물 / 57	滅 멸 / 80	論 론 / 100	犢 독 / 120
弗 불 / 54	弁 변 / 65	靡 미 / 30	命 명 / 39	賴 뢰 / 25	讀 독 / 106
不 불 / 42	辨 변 / 94	美 미 / 44	明 명 / 66	遼 료 / 122	獨 독 / 105
比 비 / 51	別 별 / 48	糜 미 / 58	銘 명 / 73	流 류 / 42	敦 돈 / 92
飛 비 / 61	兵 병 / 70	微 미 / 75	冥 명 / 88	倫 륜 / 123	頓 돈 / 115
卑 비 / 48	丙 병 / 63	民 민 / 20	鳴 명 / 24	勒 륵 / 73	冬 동 / 10
碑 비 / 73	幷 병 / 84	密 밀 / 78	名 명 / 34	理 리 / 94	洞 동 / 87
枇 비 / 103	並 병 / 124	薄(薄) 박 / 40	貌 모 / 94	履 리 / 40	東 동 / 59
肥 비 / 72	秉 병 / 92	磻 반 / 74	慕 모 / 28	鱗 린 / 16	桐 동 / 103
悲 비 / 32	步 보 / 129	飯 반 / 108	母 모 / 50	林 림 / 97	動 동 / 56
匪 비 / 55	寶 보 / 37	叛 반 / 121	毛 모 / 125	磨 마 / 53	同 동 / 52
非 비 / 37	覆 복 / 31	盤 반 / 61	木 목 / 25	摩 마 / 105	杜 두 / 68

稱 칭 / 14　　招 초 / 101　　執 집 / 119　　遵 준 / 81　　助 조 / 132　　典 전 / 67

耽 탐 / 106　　初 초 / 44　　澄 징 / 42　　俊 준 / 78　　眺 조 / 130　　顚 전 / 55

湯 탕 / 20　　草 초 / 25　　且 차 / 115　　中 중 / 93　　照 조 / 127　　竆 전 / 82

殆 태 / 97　　燭 촉 / 112　　次 차 / 54　　重 중 / 15　　鳥 조 / 17　　殿 전 / 61

宅 택 / 75　　寸 촌 / 37　　此 차 / 26　　卽 즉 / 97　　凋 조 / 103　　傳 전 / 35

土 토 / 80　　寵 총 / 96　　讚 찬 / 32　　則 즉 / 39　　朝 조 / 21　　箋(牋) 전 / 118

通 통 / 66　　最 최 / 82　　察 찰 / 94　　增 증 / 96　　早 조 / 103　　切 절 / 53

很(退) 퇴 / 55　　催 최 / 126　　斬 참 / 121　　蒸 증 / 116　　操 조 / 58　　節 절 / 55

投 투 / 53　　秋 추 / 10　　唱 창 / 49　　指 지 / 128　　弔 조 / 20　　接 접 / 114

特 특 / 120　　推 추 / 19　　菜 채 / 15　　枝 지 / 52　　糟 조 / 109　　靜 정 / 56

杷 파 / 103　　抽 추 / 102　　采(彩) 채 / 62　　持 지 / 58　　造 조 / 54　　貞 정 / 28

頗 파 / 82　　逐 축 / 57　　策 책 / 73　　之 지 / 41　　足 족 / 115　　庭 정 / 87

八 팔 / 70　　出 출 / 13　　處 처 / 99　　祇 지 / 95　　尊 존 / 48　　情 정 / 56

悖 패 / 79　　黜 출 / 91　　戚 척 / 110　　止 지 / 43　　存 존 / 47　　正 정 / 34

沛 패 / 55　　充 충 / 108　　慽 척 / 101　　地 지 / 8　　宗 종 / 85　　丁 정 / 77

烹 팽 / 109　　忠 충 / 39　　陟 척 / 91　　志 지 / 57　　終 종 / 44　　政 정 / 46

平 평 / 21　　聚 취 / 67　　尺 척 / 37　　池 지 / 87　　鍾 종 / 68　　亭 정 / 85

陛 폐 / 65　　吹 취 / 64　　川 천 / 42　　知 지 / 29　　從 종 / 46　　定 정 / 43

弊 폐 / 81　　取 취 / 42　　踐 천 / 80　　紙 지 / 123　　佐 좌 / 74　　精 정 / 82

飽 포 / 109　　翠 취 / 103　　千 천 / 70　　直 직 / 92　　坐 좌 / 21　　淸 정 / 40

布 포 / 122　　昃 측 / 9　　賤 천 / 48　　職 직 / 46　　左 좌 / 66　　濟 제 / 76

捕 포 / 121　　惻 측 / 54　　天 천 / 8　　稷 직 / 90　　罪 죄 / 20　　諸 제 / 51

表 표 / 34　　治 치 / 89　　瞻 첨 / 130　　晉 진 / 79　　州 주 / 84　　弟 제 / 52

飄 표 / 104　　馳 치 / 83　　妾 첩 / 111　　秦 진 / 84　　珠 주 / 14　　帝 제 / 17

被 피 / 25　　恥 치 / 97　　牒 첩 / 118　　盡 진 / 39　　晝 주 / 113　　祭 제 / 116

彼 피 / 30　　侈 치 / 72　　聽 청 / 35　　振 진 / 71　　周 주 / 20　　制 제 / 18

疲 피 / 56　　致 치 / 12　　靑 청 / 83　　陳 진 / 104　　誅 주 / 121　　條 조 / 102

必 필 / 29　　勅 칙 / 93　　體 체 / 23　　辰 진 / 9　　酒 주 / 114　　調 조 / 11

筆 필 / 123　　親 친 / 110　　誚 초 / 131　　珍 진 / 15　　奏 주 / 101　　組 조 / 98

逼 핍 / 98　　漆 칠 / 68　　楚 초 / 79　　眞 진 / 57　　主 주 / 85　　趙 조 / 79

遐 하 / 23　　沈 침 / 99　　超 초 / 120　　集 집 / 67　　宙 주 / 8　　釣 조 / 123

※ 金文에서는 다음의 한자를 동일하게 씁니다.

裳(18p), 常(26p)
位(19p), 立(34p)
冬(10p), 終(44p)
白(24p), 伯(51p)
左(66p), 佐(74p)
糠(109p), 康(115p)
弔(20p), 淑(125p)
說(77p), 悅(115p)
縣(70p), 懸(127p)
右(66p), 祐(128p)

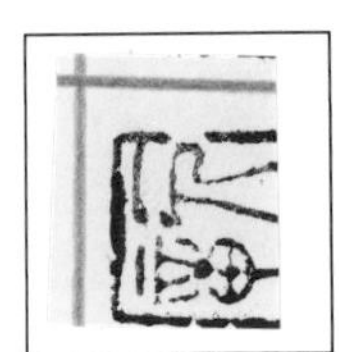

篆書천자문

金文千字文

초판발행 2018년 8월 1일

저 자 일인 김 연(金蓮)
주소 | 서울특별시 麻浦區 喜雨亭路 124-2(望遠洞)
전화 | 02-334-8203(自)/Mobile: 010-8258-8203

펴낸곳 ㈜이화문화출판사
주 소 서울시 종로구 사직로10길 17(내자동 인왕빌딩)
TEL 02-732-7091~3(구입문의)
FAX 02-725-5153
홈페이지 www.makebook.net

등록번호 제300-2015-92호
ISBN 979-11-5547-337-5 03640

값 15,000원